京都かがみ

濱崎加奈子

MdN新書
030

はじめに

私は京都人ではありません。そのように言うと、怪訝《けげん》な顔をする人と、にんまりと笑みを浮かべる人がいます。そう、私は、俗に言ういけずの町、京都に住む「よそさん」なのです。

平成二七年（二〇一五）に井上章一さん（国際日本文化研究センター所長）による『京都ぎらい』（朝日新書）という挑戦的かつ示唆に富んだ本が出版され、著者の井上さんと門川大作《かどかわだいさく》京都市長、清水寺《きよみずでら》の森清顕《もりせいげん》さんと私の四人で、京都について語る座談会が開かれました。会の冒頭で、「京都人でないのは濱崎だけやな」という話になり、光栄にも、私はその場で「市長公認よそさん」とされたのです。

けれども、「よそさん」だからといって、みなさんが想像するような「いけず」に直面したことは、ほとんどありません。気になることや、京都ならではと思われるような気の遣い方が求められることは、いまでもありますが、そのような感覚は、どの社会でも同じかもしれない、と神戸出身の私は思っています。

実は、神戸でも、同じ経験があります。東京に住まいしていた頃、たまたま神戸出身の人に出会い、「私も神戸出身です」と言ったところ、「神戸のどこ？」と聞かれ「舞子」と答えると「それ神戸ちゃうやん」と言われ、かなり驚いたことがありました。舞子も神戸市なのですが。

そんな身分意識ともいえそうな話は、とくに京都ではごろごろ転がっているのですが、そんな土地柄も、それがさらに濃縮されたような伝統の世界も、私は胸を張って「大好き」と言えます。「京都人ちゃうやん」という視線さえも愛おしいと思えてしまうほどに。

しかし、京都の現実を知るにつれ、生来「ほっとけない」性格の私は、ある時から、あの嫌味な視線は、私に何かを求めているからなのだ、と思うようになりました。妄想であることは自覚していますが、京都の人は、あるいは、伝統の世界にガチガチに生きざるを得ない人は、言うに言えないことをたくさん抱えているのであって、私のようにしがらみのない人間を怪しむ一方で、「この人なら代弁してくれるかもしれない」と、一縷《いちる》の期待を寄せているのではないか、と考えるようになったのです。もちろん、援護射撃などはほぼ期待できず、孤独な戦いが待っているのですが。

このような妄想と、永遠に報われない（かもしれない）伝統文化に関わる仕事を開始したのは、京都で学生時代を過ごしたのちに東京の大学院に行き、京都と東京との往復生活を始めた頃のことでした。詳細は本文に譲りますが、現在は、江戸時代中期の儒者《じゅしゃ》、皆川《みながわ》淇園《きえん》の学問所だった「弘道館《こうどうかん》」の再興活動をはじめ、平安時代の宴や行事の再興、また、京菓子の魅力を未来に伝えるプロジェクトなど、京都の歴史文化に関わる、さまざまな活動をしております。

本書は、そんな京都生活ン十年の筆者が、京都への愛と感謝を込めて、京都の現状と未来への提言を記すものです。京都を「かがみ」として、いま一度、私たち自身の暮らしとこれからの世の中について、ご一緒に考えていくことができれば幸いです。

京都かがみ——目次

第二章　茶室にはあらゆる伝統がつまっている

第三章　伝統文化をプロデュースする

第四章　伝統文化から得られること

第五章　伝統の灯を絶やさないために

編集協力：長谷川華
本文校正：小野稔夫

序章　京都に生きる

失われつつある京都の伝統文化

「ほんまに上七軒《かみひちけん》になってしまうかもしれへんなあ」

京都で最も古い花街《かがい》として、菅原道真《すがわらのみちざね》公をお祀《まつ》りする北野天満宮《きたのてんまんぐう》の門前に位置する上七軒のお茶屋の「おかあさん」の言葉です。

神戸から上洛《じょうらく》して京都で学生時代を過ごしていた二〇歳の私の耳に、虚《むな》しさをもって響いたこの言葉は、のちに幾度となく私の胸にこだますることになります。

もともと上七軒は、御所《ごしょ》からみて上《かみ》（北側）にある七軒の茶屋ということで名づけられたとも言われています。その後発展して、大正時代には四〇軒ほどになっていたそうですが、平成のはじめには一一軒になっていました。京都には五つの花街があり、近年の数でいえば祇園甲部《ぎおんこうぶ》が七〇軒前後、先斗町《ぽんとちょう》が三〇軒前後なので、もともと規模としては小さな街といえます。それぞれの街に特性があり、規模の大小が競われているわけではなく、「五花街」として合同で舞踊会を催すこともあります。したがって、冒頭の言葉は、そのような競争意識から発せられたものではありません。

お茶屋さんの経営は女性が担うのですが、当時、一一軒の中でも後継者が決まっている店は多くありませんでした。そこで、冗談まじりに、しかし現実味をもって街の名をもじり「このままだと七軒ほどになってしまうのでは」と言われたのです。もっともこの言葉は、町の人々がしょっちゅう口にするために、いわばローカル慣用句のようになっており、花街を訪れるお客さんの口からも聞くことがありました。

おかあさんの言葉もまた、明るく、さらりとしたもので、いま思えば、一介の学生である私が重く受け止める必要はなかったのかもしれませんが、それでも当時の私は、深く考え込んでしまったのです。この素敵な街がなくなってしまったら、一体どうなるのだろうか、と。

それは、伝統的な建物や景観だけの問題ではありません。飲んで食べて舞を楽しむ店が一軒減るというだけの事態ではないのではないか。そもそも、なぜ北野天満宮の門前に茶店ができて、賑《にぎ》わい、お酒が出され、舞を舞う女性がもてなし、数百年の歴史を経て、いまにまで伝えられているのでしょうか。たとえばお酒を一つ出す場面を考えてみても、燗《かん》鍋《なべ》や蒔絵《まきえ》がほどこされた塗りの片口《かたくち》に注がれ、食べ物も美味しく工夫され洗練されていったことでしょう。注ぎ方や作法、またお酒をめぐる「おあそび」にも工夫が重ねられてきました。室礼《しつらい》もまた、季節はもちろん、お客さまに合わせて誂《あつら》えられてきました。どのような舞だと盛り上がるのか、音曲《おんぎょく》はどうか、その時の着物やかんざし、お道具は……と、それらの発展の歴史を考えると、想像が尽きないのです。

天満宮の門前に、たった数百メートルほど延びる細く、決して人通りが多いわけではない、しかし町家格子《まちやごうし》がずらりと並ぶ街に立った私は、想像をふくらませ、同時に、この風景が失われてしまうかもしれないという未来を想像して、寂しく、いたたまれない思いを抱いてしまうのでした。

その数年後、この街で、花街を「文化」として捉えるべく、「花街文化研究会」を立ち上げて、昔の写真を集めたり、年長の芸妓《げいこ》さんに話を聞いたり、友の会を発足させたりする活動を行なうことになります。そして、京都市から景観政策の話を聞きつけ、石畳化のためのまちづくり委員会の発足に協力したり、全国町家再生交流会の開催や学生が考えた「都ライト」という企画の実施のために奔走、協力したりすることにもなるのです。そのような町づくりの活動の中で、のちに私が起ち上げることになる公益財団法人有斐斎弘道《ゆうひさいこうどう》館《かん》の役員にもなってくださる建築家で京町家保存活動を長く牽引してこられた松井薫さんや、文化庁京都分室長を務められ、「創造都市」の概念を打ち立てられた佐々木雅幸先生にお会いすることになります。

京都でも最も古い花街「上七軒」の夜（撮影：木村優光）

いまの私の活動の原点は、この上七軒にあるといえるのです。

伝統文化との邂逅

なぜ、学生の身分である私が上七軒のおかあさんの言葉を聞くことができたのか。それは、一人の舞妓《まいこ》さんとの出会いが発端でした。

その出会いから遡《さかのぼ》ること一年、大学に入学したての四月のこと。たまたま隣に座っていた女子学生が、「歌舞伎サークルに入りませんか」と声をかけてくれました。彼女はある歌舞伎俳優さんの大ファン。一目みたいというのです。「歌舞伎？」。当時、ダンスサークルと国際交流のサークルに片足をつっこみそうになっていた私は、真逆ともいえる誘いに驚きつつも「せっかく京都に来たのだから伝統ものにも触れてみよう」と承諾、「歌舞伎研究会」に入会しました。

そこで出会ったのは、かなり個性的な先輩方でした。新歓コンパで女方《おんながた》の演技を恐ろしく上手《じょうず》に披露されたり、一つの型の背景となる歴史をマニアックに語る方がいたりして、話にほとんどついていくことができなかったというのが正直なところです。最初に観た舞台もほとんど理解ができませんでした。三階席から遠く望む近松門左衛門《ちかまつもんざえもん》の心中物《しんじゅうもの》は、人物の相関一つとってみても、何が何でどうなったのか、よく飲み込めなかったのです。

当時、京都の他大学にも同じような歌舞伎サークルがありました。サークル同士で交流をする中、劇場のアルバイトに誘われました。そこは、京都で唯一、歌舞伎専用の舞台であり、江戸時代初期に官許《かんきょ》（幕府の許可を得ること）されてから同じ場所で四〇〇年以上興行を続けているという意味で「日本最古の劇場」ともいえる、由緒ある「南座《みなみざ》」でした。

高校時代にミュージカルをかじった（舞台を演じた）こともあり、劇場という空間が好きな性質は持ちあわせていたので、アルバイトを始めてみることにしました。最初は電話予約の受付、座席案内、イヤホンガイドの貸し出しなど。その後、小道具係の手が足りないというので、黒服を着て舞台転換の間に定められた道具を定められた位置に置く、といった仕事も経験したのですが、実は失敗談も数々あり、かなり迷惑をかけたと思います。

必然的に歌舞伎の舞台を観る機会も多くなっていきました。歌舞伎は、およそ二五日程度、同じ演目を上演するのが通例であることから、同じ舞台を何度も観ることができる機会に恵まれたのです。アルバイトの作業もありましたが、幸運が重なって、座席で観る機会をいただいたのです。

すると面白い発見があります。同じ舞台でも、毎回違うのです。考えてみれば、当たり前のことですが、「同じ演目だから全く同じ」と思い込んでいた自分に気がついたのです。もちろん、古典的な作品を繰り返し上演するという意味では、セリフも型も同じです。しかしながら、複数の役者の間でのやりとり、間《ま》、音曲の感じ、観客の雰囲気は、毎回、異なっているのです。観ている自身の体調や気分も影響します。眠いと感じることもあれば、衣装にばかり目がいくこともあり、笛の音が気になることもあります。

すべてを理解することはできませんが、とにかく、たくさんの要素が詰まっていて、それらが組み合わされて、一つの舞台になっていること。しかも、それらが一つひとつ、上演を繰り返しながら、変化をとげていく。おそらくそれは、歴史的にも変遷があったであろうことが想像され、調べてみるとその通りということが分かりました。価値観が一変した明治維新や、役者さんをはじめ舞台を支える多くの方々も犠牲になった太平洋戦争など、いまでは想像もつかないほどの大混乱の時代をもくぐり抜けて、いま私たちの目の前で、その演目が繰り広げられているのです。そのような歴史を思うと、実は、凄まじいものを観ているのかもしれないと、クラクラと意識が遠のくような感覚を経験しました。

もっと歌舞伎を知りたい、とは思ったものの、その「理解」にはまだまだ至ることができないと思い、手始めに、日本舞踊を習うことに決めました。なぜなら、日本舞踊は、歌舞伎の舞踊を基本にしており、「素人でも習える歌舞伎」ともいえるからです。ただ、京都の土地勘も縁もない私は、どのようにしたら習うことができるのか想像もつかない。インターネットもない時代です。まずは電話帳を開いてみました。そうすると、何と、「日本舞踊」の項目があって、そこにずらりと並ぶ、名前、名前、名前……。こんなに日本舞踊の教室があるのかと、かなりのカルチャーショックを受けました。そして、自宅から最も近い住所の先生に、電話をかけたのです。

冒頭に述べた舞妓さんに出会ったのはその頃でした。アルバイトのために、たびたび劇場に通っていた私。その私と同じく、毎日のように劇場に足を運んでいる人がいました。しかも、同じくらいの年齢。ただし、着物を着ていて、髪をきれいに結っている。顔は白い時もあり、白くない時もある。自分とは全く異なる世界の人。ある時その舞妓さんと、ある役者さんの楽屋で出会うことになります。そして、「あ、いつもいる人ね」と互いに声をかけあい、尚鈴《なおすず》さんという名前も知り、その場で仲良くなったのでした。

伝統文化の世界へ

その後、彼女の所属している「街」が上七軒ということ、その街のあるお茶屋さんで、お手伝いのできる人をさがしていることを聞かされ、とにかく足を運んだのでした。長くなりましたが、それが、冒頭の「おかあさん」との出会いです。

一方で、劇場では、舞台を支える裏方の人たちの話を聞く機会も訪れます。役者さんの鬘《かつら》の髪を結う床山《とこやま》さんは、長い黒髪が手に入らなくなって鬘が作れなくなっていること、衣装さんは、昔の衣装とは素材も違っていることを教えてくれました。

花街も、歌舞伎も、伝統文化として守られ、何もしなくてもそのまま継承されていくものだと勝手に思い込んでいた自分に気づきました。

そして、きっと、同じような認識の人がたくさんいるだろうと思い、とにかく、この現状を「皆に知ってもらいたい」と思うようになったのです。私にできることはないだろうか、と。いまから思えば、若さゆえのたいへんにおこがましい考えだったかもしれませんが、伝統文化を中心で支える人たちの言葉は、私に感動をもたらすとともに、なぜか心に切なく響いたのです。とりわけ「(何かが)なくなるかもしれない」という言葉は、私の胸を締めつけるのでした。「何とかならないだろうか」と。

私の活動の原点について、つい長く語ってしまいました。最近ではこのような私の体験談を、大学に入学したての学生さんには、あえて話すようにしています。伝統文化を「自分ごと」として捉えてほしいと思っているからです。たいていの学生さんは、伝統の世界に大胆に踏み込んでいくような「行儀知らず」なことはしません。いまならウェブ上に情報はあふれていますし、まず頭で考えます。しかし、頭では分かっていても、なかなか行動には移せないのが普通だと思います。ただ、そうして、伝統文化は「別の世界」だと思っているうちに、自身が全く知らない間に、しかも、遠くない将来にも、それが「失われてしまっている」かもしれないのです。

とにもかくにも伝統文化が、いま、危機的な状況にある。そのことを知ってほしい。そして伝統文化を知ること、触れることを通して「自分でも何かできるかもしれない」と実感し、貴重な第一歩を踏み出していただければ嬉しく思います。

第一章　なぜ、いま伝統文化なのか

京都の豊かさと危機

京都は伝統文化の宝庫というイメージがあると思います。

京都には、社寺建築や町家の景観、庭園にお茶室、歌舞伎や能、葵祭や祇園《ぎおん》祭といった祭やさまざまな民間行事など日本の伝統的な芸能や文化が長い年月を経て、いまでも残されています。それは、やはり京都が一〇〇〇年余りにわたって日本の中心であったことが大きいと思います。

私はいま、京都の上京区に住んでいます。上京区といえば、京都御所《ごしょ》があり、表千家、裏千家、武者小路《むしゃこうじ》千家といった日本を代表する茶家《ちゃけ》があり、千家十職《せんけじっしょく》と呼ばれる茶碗師の樂《らく》家《け》や塗《ぬ》師《し》の中村宗哲《なかむらそうてつ》家などがあり、織物で有名な町、西陣も有する京都を代表する文化的エリアです。

仕事のため通っている大学が北山という、上京区より北のエリアにあり、時々自転車で行くのですが、その通勤路が何とも贅沢です。のちに語る有斐斎弘道館（以下、弘道館）も上京区にあり、近くには文化二年（一八〇五）から続く松野醤油さん、天保元年（一八三〇）から続く本田味噌さん、和菓子の虎屋さん創業の店、少し西にはなりますが洛中で唯一の造り酒屋の佐々木酒造さんもあります。

御所の脇を通れば蛤御門《はまぐりごもん》など歴史上名を残す場所があり、白い漆喰《しっくい》塗りの築地塀《ついじべい》が続く和歌の家・冷泉家《れいぜいけ》の柿葺《こけらぶき》の屋根を脇目に、足利義満《あしかがよしみつ》公ゆかりの相国寺《しょうこくじ》を通り抜ければゴーンと鐘の音が聞こえることも。そして東へ進めば鴨川です。高野川と賀茂川の合流地点は大学生が「デルタ」と呼び、休日ともなれば親子連れで賑わうのですが、そこから山《やま》城国一宮《しろのくにいちのみや》たる賀茂御祖《かもみおや》神社（下鴨《しもがも》神社）の社叢《しゃそう》「糺《ただす》の森」をのぞめば、京都の歴史のはじまりを見るかのような雄大な心地になります。「糺」とは、「只《ただ》の洲《す》」が由来と言われていますが、そこから真実を「糺す」場ともされ、数々の歌に詠まれてきました。

また東にはお盆に五山《ござん》の送り火の一つ、大文字が灯る如意ヶ嶽《にょいがだけ》、東山連峰が見えます。北へと進めば比叡山《ひえいざん》を仰ぐこともでき、山頂には延暦寺《えんりやくじ》。最澄から連なる日本仏教のさまざまな展開の歴史にも思いを馳せることができます。

長々と連ねましたが、京都はどの道を通っても歴史を感じることができます。何度通っても新しい発見があり、季節ごとの楽しみもあります。鴨川沿いには散歩やランニングをする人が絶えませんが、春の桜のみならず、ススキや萩、葛《くず》の花など、草花や樹木を見るだけでも発見の連続です。月並みですが、歴史と風土の豊かさは、日本随一であることは間違いないでしょう。

そしてそこに、天皇、公家、武家が歴史を創り、神社があり寺院があり、町衆がいて、商業が発達していったのです。近郊には、のちに「京野菜」と呼ばれる作物を生み出す農地があり、全国各地とつながる道や河川があり、多くの産物と人が出入りしていました。「京都ならでは」の歴史文化の積み重なりは、まぎれもなく京都の現在までの文化力を支えてきたのです。

しかし、現在の京都でその歴史を「感じる」ことは、簡単なようでいて、そうではないかもしれません。その最大の原因は、街並みが「古都」を想像するにはあまりにも現代的だからではないでしょうか。

実は、私が京都に憧れをもって初めて足を踏み入れた時の印象は「えらいごちゃごちゃした街やなあ」というものでした。高校生の時のことです。期待度が高すぎたのかもしれません。しかし、最近京都市内の中京区あたりを歩いていた時に、外国から来られた若い男性に「Where is the old town?」と尋ねられ、自分が高校生の時に感じた気持ちを、まざまざと思い出したのです。とりあえず花見小路《はなみこうじ》あたりをおすすめしてしまったものの、それでよかったのだろうかと考え込みました。

たとえばフランスのパリのように、外観を保存すべきエリアを作ったほうがよいのだろうか。いやそうではない方法もあるはず。観光のために街並みを美しくすべきなのか。いやその考えは本質的ではない気がする。ではこのまま放置していてもよいのだろうか。住民の視点はどうか。自問自答しても、答えはなかなか得られませんでした。

では、建物は現代的になったとして、中身のほうはどうでしょうか。

衣食住で考えてみましょう。まず「衣」はといえば、着物を着る人が減っていて、呉服通りである室町にはビルが建ち並び、呉服商いは明らかに年々減っています。西陣織も、二〇年前には路地に入れば織機《しょっき》の音がしていましたが、いまでは全くといっていいほど聞かれません。

「食」はどうでしょうか。かろうじて会席割烹《かっぽう》など流行の店もありますし、和菓子屋も目立って減っているわけではなさそうです。とはいえ、行事ごとに食べられてきた食や、大きな座敷で大勢で行なう宴会など、食の文化の姿が、少しずつ消えているのは事実です。

「住」については、近代的な建物の中に、畳や床の間《とこのま》はありません。となると、それに伴う障子《しょうじ》や襖《ふすま》、簾戸《すど》などの建具《たてぐ》を作る技術や職人も少なくなっているでしょう。

つまり、衣食住にわたり、京都の文化は失われつつあるのです。

一方で、雑誌では京都特集が組まれ続け、旅行客は年間五〇〇〇万人以上を維持し、令和二年（二〇二〇）からのコロナ禍でもホテルの建設ラッシュが止まりません。京都は、文化的には空洞化しているにもかかわらず、京都の名の下に、幻想を抱いた人々が押し寄せています。そして、京都で作られているわけでもない着物をレンタルし、床の間に掛《か》け物もない町家風のカフェで抹茶スイーツを食べ、光や映像で演出された名所旧跡に行き、着物地の布があしらわれた「京風」に演出されたホテルに泊まるのです。

繰り返しになりますが、京都の文化は空洞化しています。そして、その主要因の一つとして、無自覚で過剰な観光の嵐があると思っています。

とはいえ、京都の歴史が消えてしまったわけではありません。地形や立地は変わらないのですから、必要なのは、その歴史に気づくことのできる「きっかけ」を、町の中の至るところに復活、もしくは創出させることではないかと思います。歴史と文化の蓄積は、いまでも脈々と受け継がれています。ところが、人々がそれらを享受する「きっかけ」が薄れているのです。このままでは、京都の文化力が失われていき、「どこにでもある都市」になってしまいます。それはとてつもなく「もったいない」ことではないでしょうか。

伝統とともに暮らす京都人

京都の人は昔ながらの伝統をとても大切にして生活をしてきました。京都以外の地域に住んでいる方には、あまり耳なじみがないかもしれませんが、たとえば六月の慣わしとして、晦日《みそか》（三〇日）に無病息災を祈念して、ういろう生地の上に煮小豆を乗せ三角形に切って氷を象《かたど》ったともされる（氷の形状については、旧暦六月一日の「氷の節句」が新暦では七月一日あたりになるため混同されたのが実際ではないかと思われます）「水無月《みなづき》」という和菓子を食べる風習や、その年の前半の穢《けが》れを祓《はら》う「茅《ち》の輪くぐり」のために神社に参るなど、京都には生活に根づいた伝統がたくさんあります。

「水無月」については淡い思い出があります。大学一年生の六月、京都に来て三か月目のこと、下宿先の近くのお餅屋さんの軒先に「水無月」と筆書きされた紙札が貼られていました。前日まではなかった貼り紙。「水無月といえば六月のことやけど、もう終わりやのになあ」と不審に思い店先をのぞくと、ガラスケースいっぱいに、およそ雅《みやび》とは言い難い小豆ぎっしりの「得体の知れないモノ」が切れ目なく置かれていたのでした。「何やこれ」と気になりながら、お財布も厳しかった事情から、後ろ髪を引かれながらも、一日考えよ

ういろう生地に大粒の小豆が取り合される「水無月」は、断面の美しさも見どころ（撮影：宮下直樹）

うと、お店を後にしたのでした。ただ、どうしてもあの物体が気になる私。意を決して翌日足を運んでみたところ、もうそこには貼り紙もなく、一面の小豆も夢のように姿を消していたのでした。その日しか食べないお菓子だったということを知ったのは、秋の足音が聞こえてきた数か月も後のことでした。

これらの伝統文化は、生活習慣として残されてきたものではありますが、実は京都が観光地ということもあって、衰えたり、また盛り返したりを繰り返し、変容しながらも継承されてきたのかもしれません。茅の輪くぐりも、各所でみられるようになったのは近年のことです。大きな社寺への初詣も長い伝統のあるものではありません。明治初年に電鉄会社のアイデアが広まり、定着したものです。他にも、人前ではなく神前での結婚式など、ある地域や特定の人々がされていたことや考案されたことが受け入れられて、「誰もがするべき伝統」として広まったものは、たくさんあります。

京都にはそのような習慣の「元」になる社寺や民間の行事が身近にあり、東山や鴨川など、歌に詠まれる景色があり、古代中世の物語に出てくる場所や地名がここかしこにあります。日本を代表する伝統文化のお茶やお花、能楽なども、永く専門にされてきた家がたくさんあり、直接習ったり触れたりできるのも京都ならではといえるでしょう。

「顔が見える」というのは、伝統文化が続く理由として、とても大きいと感じています。たとえばいま、京都以外では町の和菓子屋さんが、どんどん減っているようです。お茶会をひらこうとしても、対応できる菓子司がないと聞きます。和菓子を買おうと思ったら、お取り寄せをするか、デパ地下に買いに行く方も多いのではないでしょうか。

しかし、京都では、町中を歩くと、歴史があり個性的な銘菓を持つお店があちらこちらにあります。上菓子《じょうがし》屋も餅屋も、全国的には減る傾向にありますが、京都では、歩いて行ける距離に必ず一軒ずつあるというのは、驚くべきことかもしれません。これは、それだけ需要があるということ、つまり、文化が日常に根づいた形で残っているということを意

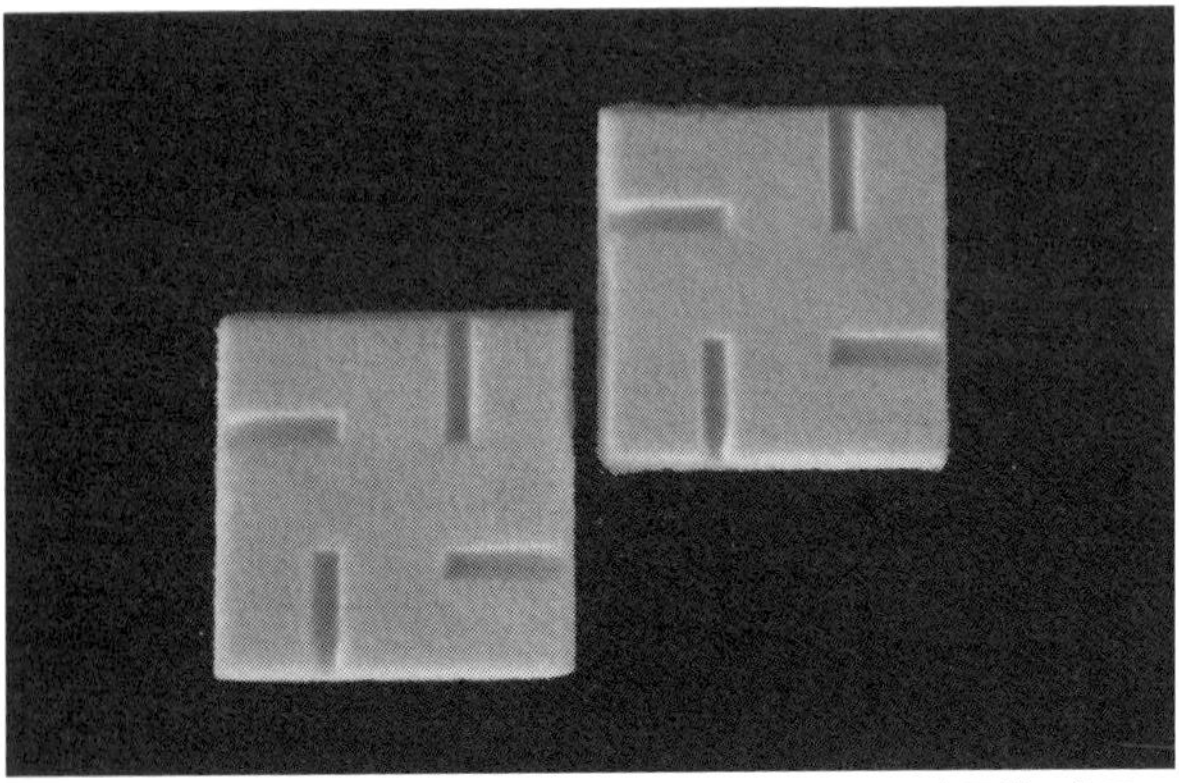

うるち米ともち米を粉にして砂糖などをまぜて蒸し固めた白雪糕の菓子は、子どもたちの栄養補給のため配られたとも（提供：有職菓子御調進所 老松）

味します。そしてそのことは、「顔が見える」ということであり、文化の多様性と継続にとって、とても大事なことを意味していると思うのです。コミュニティの中に文化を支えるものづくりがある、ということです。

ちなみに、京都の町には、町内ごとにお地蔵様がお祀りされており、お盆の月における地蔵菩薩の結縁日である八月二四日の前日の二三日を中心に「地蔵盆」が行なわれます。子どもが主役ですが、大人も一緒に楽しみます。数メートルもある長い数珠《じゅず》を回すのが特徴的です。地蔵盆には、卍《まんじ》型の紅白の「白雪糕《はくせんこう》」という、決まりのお菓子もありましたが、近年注文がほぼ途絶えたと聞きます。町の信仰に基づく共同体の伝統が、ひっそりと、一つひとつ、消えていっているのです。

「よそさん」の視点

伝統文化が失われていく一方で、関心を持つ人は増えていると感じます。とくに若い方々の間の関心は、一〇年前に比べて広がっていると思います。それは伝統文化がすでに「珍しいもの」「新しいもの」になっていることを意味するのかもしれません。また、自分のルーツを知りたいという気持ちも感じます。そのような中で、海外に行って初めて自国の文化に関心を持つという話もよく聞かれます。

かく言う私も、神戸で生まれ育ち、決して伝統文化に触れて育ってきたわけではありません。父の仕事の関係で、海外からのお客さまが自宅に来られることがあり、母がその都度お客さまのために浴衣のお土産を用意したり、何か「日本的なもの」を探したりしていました。素敵だなと思うとともに、疑問に思うこともありました。日本文化といって紹介しておきながら、それが、私たちの日常にはないのはなぜだろうかと。本来は、日常にあるものをそのまま紹介して日本文化であればよいはずです。ただ、そんな理想はいまの日本にはなく、高校一年の夏にオーストラリアに短期留学に行くことになった際には、私にとっては非日常の、着物を着る練習をし、抹茶を点《た》てる用意をして、文化交流に臨みました。この時は、母の影響で茶道部に入っていたことが役に立ちました。

大学では、歌舞伎研究会に入ったことは先述しました。高校で茶道をしていたのに、なぜ茶道部に入らなかったのだろうかと思われるかもしれませんが、その時はとても怖かったのです。なまじ伝統文化に関わっていると、「伝統文化の怖さ」も同時に知ることになります。一度一人の先生につくと途中で変えることはなかなかできません。自分に合う先生に巡り合うことができればよいのですが、運に近いものがあります。

出会いは面白いものでもあります。大学の近くに住まいする仏師《ぶっし》さんの工房に出入りさせてもらったことがありました。以前に、大学の授業で仏像について学んだ時、教授と一緒に別の工房見学をさせてもらったことがありましたが、この方の仏像は、授業で訪れた工房の仏像とは全く表情が違っていたのです。とても優しくて柔らかくて、といってやっぱり人間ではない、何か天空、宇宙を感じさせる佇《たたず》まいでした。それとは対照的に、仏師さんは極めて人間的で魅力があり、吉田神社の門前にあった屋台で、しょっちゅう呑んだくれている人でした。その方の奥さんもまた魅力的で、旦那さんより二〇歳程年上です。独学で截金《きりかね》彩色を習得し、旦那さんの作品を手伝っているのですが、その毒舌ぶりがすさまじい。
ある時、私が気に入っているオーガニックのクッキーをお土産に持って行ったら一言、「馬の餌やな」と言われたほどです。還暦をこえてから乗馬を始めた彼女らしいコメントでした。その方とは、旦那さんほったらかしで、馬に乗るために二人で海外旅行したこともあるくらい気が合ったものです。

話がそれましたが、この出会いをきかっけに、私の仏像を見る目が変わったことは確かです。人の手によって形作られる造形物に、魂が込められると、仏や神となり、人々が拝む対象になるのです。美術作品とは異なる信仰の対象としての造形。祈るとはどういうことなのかということを学びました。また、京の街でたくさんの個性的な仏師さんたちが、伝統の技法を継承し、人々の祈りのために制作を続けているということも知りました。数百年後も、ひょっとしたら一〇〇〇年後にも祈りの対象としてこの世に存在しているかもしれないものが、いま、この時代に目の前で次々と生み出されている。普段街を歩いていると見えないし、考えもしないかもしれませんが、そのような尊いものづくりの営みが、ここかしこで行なわれているのが、京都という街なのです。

ちなみに、この仏師さんご夫妻も「よそさん」です。

自分の「根っこ」を知る

京都で日本舞踊を習い、歌舞伎を観たり、仏師さんに出会ったりしているうちに、次第に、自分自身の「根っこ」のなさに気づかされるようになりました。何だか宙ぶらりんで、ふわふわとしているような不安な気持ちになったのです。そこで、私の「伝統文化」の原点である茶道の稽古を再開し、能楽の小鼓《こつづみ》や常磐津節《ときわづぶし》も習うようにもなりました。悪あがきだったかもしれませんが、あらゆるジャンルの伝統文化の扉をひらいて、まずは一歩踏み込んでみて、どのような世界が存在しているのかを肌身で感じとりたいと思ったのです。

ただ、大人になってから、素直に肌身に感じるのは難しいものです。何かが邪魔をしてしまう。その何かの正体はおよそ分かっていて、それは、頭で「理解しよう」と思う姿勢なのです。しかし、それを消し去ることはなかなかできないものです。頭ではなく、身体や心、肌身に感じることができて初めて、総合芸術の舞台といえる能や歌舞伎を心から楽しむことができるのでしょう。羨ましい。早く私もそうなりたいと願っていました。

私は子どもの頃からピアノを習っていて、一時期音大を目指していたこともあり、耳で聴き取って楽譜におこしたり、作曲をしたりといったことを、まがりなりにしていたことがありました。そのために、いまでも、いろいろな音楽がすべてドレミファソラシドになって聞こえてきます。

そんな私は、歌舞伎を観ても、常磐津を習っても、困ったことに、すべてがドレミに変換されてしまうのです。脳内がドレミだと、発する声もドレミ。実はこのドレミを解除するのに相当時間がかかりました。とりわけ、曲を覚える時にドレミ以外の方法でどうやって覚えたらよいのか見当がつかず、ようやくドレミ離れをしたと思った矢先に、ふたたび自身の体内にドレミが蘇ってくる厄介な感覚を味わったりもしました。

改めて自分の「根っこ」とは何だろうかと考えた時、ひょっとしてそれはピアノなんじゃないかとか、クレヨンで散々お絵かきをしたことなんじゃないかとか、そんなことを思ったりしました。それでもやはり、高校の時の茶道の先生の点前《てまえ》の美しさや、母が着物を着ている時のウキウキした気分、よく分からなかったけれど歌舞伎の舞台の眩《まぶ》しさ、そして同年代の舞妓さんが舞を舞う時の可愛らしさ。それらは自分の本心から素敵だと思えるし、そしてそれらがなくなってしまったらと思うと、とんでもなく胸が締めつけられる。

そんな思いを抱くということは、やっぱり自分の何か「根っこ」の部分に、知らないうちに、いわゆる伝統文化がしみついているのだろうか。あるいは憧れているだけなのだろうか。でも憧れであってもいいから、それらをもう一度自分の根っことして取り戻してみたい。そんな風に思うようになったのです。

もしかしたら、その根っこが自身の内に、しかと確認できた時、それは、大きな自信になるのではないか。そして、それは、ごく小さな点ではありますが、歴史の中での自分の位置を確認できるということでもあるのではないか、と考えるようになりました。

「見る目」を持つには

伝統文化によって「根っこ」をつかみとる作業は、すんなりとはいかないこともあります。

茶道を習い始めた時、もっとも疑問に思ったのは、「なぜ物を〝見る〟のか」ということでした。茶道の点前の稽古は、稽古場によって異なりますが、一般的に、薄茶《うすちゃ》を点てることから始まることが多いと思います。もちろんその前にお茶の飲み方、お菓子のいただき方なども習います。その点前の稽古はとても楽しいものでした。何しろ、美味しいお茶を点てて、人に飲んでもらうという目的がはっきりしているからです。

そして、飲み終わったあとに道具を片付けるのですが、その際、使っていた道具を「拝《はい》見に出す」という行為をする。抹茶をすくったあとの茶杓を帛紗でぬぐい、抹茶が入っていた入れ物である茶器の蓋と胴の部分を浄《きよ》め、お客さまの前に出します。お客は、まずお辞儀をしてからその道具を手に取り、低い姿勢で拝見する。

床の間を拝見するという作法もあります。茶室に入るとまず床の間の前に座し、膝前に扇子《せんす》を置いて一礼をして、床の間に掛けられたお軸を見て、そしてまた一礼をして、座につくというような作法です。

高校生の私は、心の中で、毎回なぜわざわざ見るのだろうかと思っていました。先生は丁寧に説明をしてくれます。物を作った人、書いた人、選んで出してきてくれた人、点前をしてくれた人に対して感謝の気持ちを捧げるのだと。もっともなことだなと思うし、それを考えると有難いなと心から思いましたが、一方で、なぜそう度々見るのか、という疑問は残りました。それは稽古場の事情もあり、毎回同じ軸が掛けられ、同じ道具を使い、プラスチックの茶器だったりするわけで、この拝見するという行為が、形式的なものだということも知っていたからでしょう。

しかしいま、数十年経って初めてその意味を理解し始めているような気がしています。物が当たり前に手に入り、当たり前のように美術品に触れ、当たり前のように人に会うことが、とりわけこのコロナ禍でできなくなった時、いままでの「当たり前」がいかに貴重なことだったのかを思い知ったのです。

身近にある物や人が、とても尊いものに感じられました。しかし物も人も、以前と変わったわけではありません。変わったのは自身だったのです。一つの物が作られるということは、たとえば山から伐り出され、造形され、塗りをほどこされて、もしかしたら戦火をもくぐり抜けて、いま私たちの目の前にあるのかもしれません。この奇跡に誰が感動しないことがあるでしょう。そのように考えると、茶道というものは、人が普段忘れがちになっている、本当に大切なものは何かということを教えてくれる存在なのかもしれません。

伝統文化は、もともと生活に近いところにあるものが多いのです。また、誰もが参加できるものが多いのも特徴だと思います。伝統文化は、人が大事にすべきことを生活の中で、あそびの中で自然と繰り返すうちに学ばせてくれるものであり、そのために大切に伝えられてきたのではないかと考えています。

この「拝見」のように、若い時には分からなかったことが、後年になって分かるということもあるでしょう。拝見に話を戻すと、「物を見る」ということは、単に、目で見て、誰が作って、何と書いてあって、誰が極《きわ》め（本物であることを証する鑑定書。茶道具ではしばしば家元による極めが箱などに記されている）をつけたというような知識を得るためではありません。もちろんそれも大事なことであり、それを知ることによって感動も理解も深まります。しかしそれだけではなく、手に取り、その物自体の存在と「対話する」ということが、その本質ではないでしょうか。しかしこの対話というのが、簡単なようでいて、なかなかに難しいのです。

私は「香道」を専門の一つとして研究しており、博士論文のテーマにもしました。香道では香りを「聞く」と言います。歴史的には「聞く」と書いて「かぐ」と読むこともあり、必ずしも最初から聞くと言っていたわけではなさそうです。ただ、現在この言葉は私たちに大きな示唆を与えてくれます。耳で聞くかのように、静かに心を傾けて、香と対話する。それが、香を聞くということなのです。

白状をすれば、私は未だにお香をちゃんと「聞く」ことができているわけではありません。先日も複数の香を聞き分ける「香会」に参加する

沈香と呼ばれる天然の香木の香りを楽しむ聞香（撮影：大道雪代）

機会にめぐまれましたが、聞き当てることはできませんでした。何よりも、自分がそのお香をきちんと体内に取り込んでいるという感覚を得ることができなかったのです。香りをきちんと聞こうと思えば思うほど、頭に邪念がわきおこり、体全体で捉えることができないのでしょう。

さきほどのお軸や茶碗の場合は、目で見ることができるし、書いてあることを理解して見たような気になることもできますが、香はそのようなまやかしが利きません。そのように考えると、物を見て、何か対話をしているような気になっていても、私のように香を聞くことができない人間には、ひょっとしたら未だきちんとものを「見ること」もできていないかもしれません。

床の間の前に座って扇子を置いてお辞儀をして見上げた時、そのお軸は自身に何を語ってくれるのでしょうか。文字の意味、形、筆跡の勢い、紙の質感、そして、それらを何十年何百年にもわたって見てきた人たちの息遣い。そんな「物・こと」のすべてを受け取ることができれば、と思います。

茶事《ちゃじ》の場合、掛け物は、亭主（茶会の主催者）が心を込めて用意してくれたものです。それを「見る」という行為によって、亭主の心を受け止めるのです。全力で。全身で。そうして、受け止めれば受け止めるほど、相手の気持ちや存在を、受け入れることになるでしょう。時に自身の内で軋轢《あつれき》を起こすかもしれませんが、その軋轢を起こしているのも自分自身なのです。そんな自分を受け止めて、またお辞儀をして、その物から離れる。お茶碗であれば、お茶を飲み終わった後、再びお茶碗を畳に置いて、改めてお辞儀をする。そして、自身が飲み終わった「跡」を見る。物に残された自身の痕跡。そして、肘を膝について、低い位置で茶碗を手に取り、眺め、裏を返して見たりして、そして再び畳に置いて、一礼をする。一期一会のこの時間は、長くもあり、短くもあります。いかに自分がその茶碗のすべてを受け入れることができるのか。勝負なのです。

このように考えると、日常生活において人と人との交わりや、場所との出会いにおいて、どこまで自身がそれらを受け入れ理解しているのか、というようなことを考えさせられます。「拝見」という行為は、自身の性質や至らなさに気づかせてくれる大切な時間だということが分かります。稽古や、日常に伝統文化があるということは、そこで自身に素直さを取り戻し、リセットさせてくれる機能を持つことでしょう。

「見る目を養う」ということがよく言われますが、私自身小さい頃から美術館によく連れて行ってもらったことは幸いでした。

しかし、伝統文化に興味を持つようになってから美術館に茶道具が展示されているのもよく見に行くようになったとはいえ、茶道具をいくら見ても感じ取れないことがたくさんありました。しかし茶会で拝見を重ね、自分も茶会の亭主をしたりして、ようやく、美術館のガラスケースの向こうにある物の尊さを知るようになったのです。物の見方が少しずつ開かれてきたのでしょう。そのように考えると、見る目というのは、見る一方だけでなく、可能であればその物の世界に参加し、その物と対話することができれば、さらに深まることになるということなのです。人との対話を思えば肯《うなず》けることです。

物を見る目ということに関わって、見る目のある消費者がいることで、物を作る技術の世界がさらに高まり深まるだろうということもいえます。それは、物だけではなく、舞台の芸能もしかり、また着物や建物など、衣食住に関わる日常のすべてにおいて共通します。何でも「それらしく」作ることのできる時代。3Dプリンターで寸分違わぬ複製品がいくらでも作れる世の中だからこそ、物それ自体存在を、きちんと感じ取り、素材や歴史と対話する、そんな「見る目」が、本当に必要な時代になっているのです。

一日に二軒消えている京都の町家

「見る目」を育むには、本物に触れるのが一番です。京都は本物にあふれているはず……。そのような夢を描く人が京都を訪れて愕然とされることもあることはお伝えしました。

いま、京都では毎年約八〇〇軒、つまり一日に二・二軒のペースで町家が壊され続けています。当然ながらそれに伴い、庭も失われています。建物は壊されないものの、庭が潰されるという例は枚挙にいとまがなく、その数は調査すらされていません。

平成三〇年（二〇一八）、京都市内で室町時代の家が解体されました。室町時代の住居は、日本全国を探してもどこにもなく、唯一現存していたのがその一軒だったのです。さすがに保存運動が起きましたが、所有者の意向で、取り壊されてしまいました。

もちろん、事情はいろいろあったでしょう。外から言えることばかりではないことは十分承知しています。しかしながら、その家が、日本の、ひいては世界の共有財産であることを思えば、何か策はなかったのだろうかと思います。現代の日本では、家は所有者のものであり、過去にも未来にも縛られることはありません。

京都では先祖から何かを受け継いでいる方がよく「未来へと橋渡しする中継ぎ役」とい

有斐斎弘道館の座敷から見える庭（撮影：大道雪代）

ったことを言われることがあり、素晴らしいなと思います。ご自身の個人としての考えもあるでしょうし、そのような縛りがなければもっと自由に行動することもできるでしょうし、大変だなとも思います。一方で、それをある種の運命として受け入れ、責務を果たしていくというのは、極論かもしれませんが、文化的な営みを積み上げてきた私たちの一つの役目なのかもしれません。逆に当事者とならない立場の人は、そのような事柄への理解を保ち、何らかの貢献や役割を率先して請け負い、責務を分け合っていくというのが、文化的な社会の継続と発展にとって必要なことではないでしょうか。

新型コロナのパンデミックで初めての緊急事態宣言に入った頃、私が館長を務める江戸時代の学問所を再興した弘道館も休館することになりました。しかし庭の植物は育ちます。スタッフは基本自宅待機となり、私ともう一人の共同運営役員とで、庭掃除の日々。しばらく世話を離れていた庭に、改めて向き合うようになりました。そして、SNSに毎日庭の写真を掲げていきました。苔の隙間にいる虫たち、切り株からのぞく赤みがかった若芽、軒を伝う滴《しずく》、簾《すだれ》の影……。それらの写真に、多くの人たちから、心から癒されたと喜びの声をいただきました。

日本家屋に一人でいると、少しの風にも揺れを感じ、雷が鳴ろうものならびっくりして飛び上がり、ガラスが割れるのではないかとおののきます。そんな自然現象に敏感な建物は、かえって人間の身を守ってくれているのではないかと、改めて感じることができました。現代の感覚からすると「安心安全」ではないのかもしれませんが、コンクリートで密封して、頑強にして、外の気配が分からなくなる状態が、果たして本当に人の暮らしにとってよいことなのだろうか、と思いました。館の周囲を通る人や車、上空を飛ぶ飛行機の行き来のない世の中は、とても静かで、鳥のさえずりがひときわ清らかで、空は透明感にあふれていました。

自然の小さな変化にも喜びを覚えることができるという、いまこの時の感覚を忘れないようにしなければならないと、改めて思います。日本の家屋と庭は、そんな自然と人間との共生の知恵を、戒めも含めて教え続けてくれているのだと思います。寒いし暑いし不便で修繕には費用もかかりますが、だからこそ、人の住まいとして、有益な何かをもたらしてくれているのではないか。むしろ「住みにくい」と思わせることが、日本の住まいの狙いなのではないかとすら思えるのです。

江戸時代の美意識に学ぶ

町家で日々過ごしていると、江戸時代から「地続き」に生きている感覚を味わうことができます。考えてみれば明治に入ってからまだ一五〇年。私の祖父は明治生まれですので、曽祖父は江戸時代の生まれということになります。さすがに顔を見たことはありませんが、ほんの数代前ということになります。そのように考えると、江戸時代が普段はずっと遠くに感じられるのは不思議なことかもしれません。

歌舞伎の世界をもっと感じたいと考え、江戸時代の形態を残す全国の芝居小屋を巡ったことがあります。香川の金丸座《かなまるざ》のほか、秋田の康楽館《こうらくかん》、熊本の八千代座《やちよざ》など。初めて観た金丸座の「四国こんぴら大芝居《おおしばい》」は、想像以上に楽しくウキウキとするものでした。「平《ひら》場《ば》」と呼ばれる升席《ますせき》に座して、舞台を見上げれば、役者さんたちが何と間近なことでしょう。照明は三段階の明かり窓の開閉によって自然光も有効に使います。そして、印象的なのは音です。木造で床が畳、天井は竹の簀子《すのこ》、壁は障子なので音が適度に吸収されます。柔らかく、そしてクリアな生の声と音は、舞台と客席とが「地続き」であることを実感させてくれました。初めて、芝居を観て身体じゅうが火照りかえるような興奮を覚えました。そうして、たった三年ほどの間、観続けていた京都の南座や東京の歌舞伎座といった近代設備の整った劇場での観劇が、すでに自身の中の歌舞伎のスタンダードになっていたことに気づかされました。客席と舞台が一体であるとはどういうことなのかを、金丸座での体験が教えてくれたのです。

近世文学の研究者で同志社女子大学名誉教授の廣瀬千紗子《ひろせちさこ》先生は、江戸時代には学ぶべきことがたくさんあるとおっしゃいます。現代は明治の開国から数えて一五〇年しか経っていません。江戸時代二六〇年の歴史を百年ごとに見ていくと、だんだんと社会が成長していく段階が見えるのですが、そこにあてはめるなら現代は一七五〇年、つまり宝暦年間にあたることになります。宝暦期といえば、いよいよ爛熟《らんじゅく》期に入っていく時代。逆にいえば、まだまだ大人になり切れていない時代だということになります。ですから、これからの日本を考える時、江戸時代から学ぶことがたくさんあるのだと。実際、江戸時代の成熟社会は「いまより面白い！」とおっしゃいます。

そのように考えると、江戸時代の歴史を見ることは、これから先、成熟していく未来の社会を見通すことができる、ということではないでしょうか。江戸時代の記録はたくさん残されており、情報を得ることも比較的容易です。文化芸術が花開き、茶道も能楽も、江戸時代に大きく展開しました。第三章で詳しく述べますが、弘道館を創設した皆川淇園の周辺には非常に風変わりで個性的な人々が独自の表現活動をしていました。そのような自由な空気は、心から羨ましく思うほどで、これからそんな未来が訪れるのかもしれないと思うとワクワクします。

一方で、近代に入って日本は短期的に多くのものを捨ててきたように思います。これは江戸時代以前にはなかったことではないでしょうか。何かを変化させて新しいものを作ることや、淘汰されること、衰退することはありますが、完成されたジャンルのものは、尊重され、できうる限り残され伝えられてきました。

とにかく丁寧に残しておくということ。それが肝要だと思うのですが、明治以降、古くから日本が大切に守ってきた心を、ともすれば、積極的に捨て去ろうとしているようにも思えます。一度失うと再び取り戻すことは不可能です。いま、江戸時代に学ぼうという姿勢になかなかならないのは、明治維新を挟み、また第二次世界大戦以後とくに、近代以前と現代とが、あまりにも分断されているという証左ではないでしょうか。

私たちは、物事の取捨選択をする際、一つひとつの要素を、理由をつけて潰していくことによって判断をしがちです。ところが、その時、どこかで心に「引っかかり」が生じるといった経験はないでしょうか。美学ともいえるような、あるいは道徳といってもいいかもしれません。明らかに不要と思えるのですが、どうしても捨ててはいけない気がするというような。ただ、簡単には理論的な説明がつきません。そして実は、日本の伝統文化は、この「引っかかり」の検証がなされないまま、失われていくことが多いように思うのです。

たとえば、私が保存活動をしている京町家は、暑いし寒いし不便で、しかも修理するのにかなりの費用がかかります。取り壊して新しく建てたほうがよほど安いと言われます。だから潰してしまおう、となりがちです。

しかし、このような単純な論理で進めてしまってもよいのでしょうか。

たとえば、現代の日本では、和蠟燭《ろうそく》を使う人はほとんどいません。和蠟燭の材料は全国にたくさんあるのにもかかわらず、需要と供給のバランスで市場のメカニズム通り値段も高くなります。

ある時、近江《おうみ》で一〇〇年続く和蠟燭作りを継承する大與《だいよ》の大西巧《さとし》さんに、「和蠟燭とキャンドル（洋蠟燭）とでは光が違いますか」と尋ねたところ彼は「同じです」とおっしゃいました。「違います」と言ってほしいところですが、同じですと素直に言われたのです。では、和蠟燭をなくしてしまってもいいのでしょうか。このことを、大学の教室やカルチャーセンターで話すと、「キャンドルのほうが安く買えるし、デザインも豊富だから」と答える人が大半です。

ところが、弘道館のような和の空間で行なう催しで和蠟燭を灯しながらこの話をすると、「いや、和蠟燭を残したい。キャンドルの倍の値段でも和蠟燭を買いたい」という反応が返ってきます。この違いはどこから来るのでしょうか。そう、場所によって判断が異なるのです。さらに、実際に灯火を目の前にしていることも重要です。座敷では合理的な回答に「引っかかり」を持つことができるということではないでしょうか。実際の物を見ると、その物の価値が分かるということでもあるのではないでしょうか。このことを私たちはまず、知らねばならないと思います。和蠟燭を、歴史や文化の文脈で捉えることのできる機会に問われて初めて、その大切さに「気づく」のです。

座敷で和蠟燭を灯して落語を聴く「吉坊ゆらり咄」は、年2、3回のペースで開催を続けている（撮影：筆者）

これは節度や倫理といった問題ではありません。美意識の問題です。これから私たち日本人はどのような歴史文化の中で生きていくのかという切実な問題なのです。だからこそ、「何を大切にするのか」ということの判断が、大事になってきます。その判断をするのは、自分しかいません。そのためには、先人たちが残してきた知に学び、自分自身のゆるぎない価値観を育み、根っこを持ち、判断力を養い、勇気を持って選択していく必要があるのです。それがこれからの日本の未来を作ることになるのです。

弘道館では、和蠟燭のもとで落語を聴く「吉《きち》坊《ぼう》ゆらり咄《はなし》」という催しを定期的に行なっています。照明は和蠟燭のみ。最初は「見えにくい」と言っていたお客さんも、次第に耳を傾け、身を乗り出して聴き入ります。静けさの中、外の雨音がしとしとと座敷全体を包み込み、不思議な一体感を味わうこともあります。落語の後は、木ノ下歌舞伎主宰の木ノ下裕一《きのしたゆういち》さんと桂吉坊さんが、落語の元ネタになった歌舞伎芝居の話を繰り広げてくださいます。江戸時代の学問所で、江戸時代の感覚に身をゆだねる、学びの時間となっています。

伝統文化を解くヒントは「つながり」にある

「伝統」を考えることとは、未来を創ることだと思っています。その時、「伝える」「つなぐ」「継ぐ」は大事なキーワードになります。そう言うとたいていの人は過去・現在・未来と時間軸でつながっているものと考えます。が、実は、時代を受けてつながる縦軸だけでなく、ジャンルを超えた横のつながりも大切です。

たとえば、お茶、お花、お香は、日本における三大室内芸能と言われていますが、芸能として姿を整えていく過程を見てみると、横につながっていたことが分かります。もともとは仏様に供える「香華灯《こうげとう》」が、生活の中に取り入れられて、茶道、華道、香道というジャンルに分かれていった、ということが言えるのです。千利休も、お茶だけではなく、お花もお香も嗜んでいました。

中世の茶花香の横のつながりを意識してひも解けば、連歌《れんが》に行き着きます。ある研究者の方が、「お茶は、連歌師の脇芸だった」とおっしゃっていて、なるほどと思ったことがありました。

日本の芸能は、和歌がすべての基礎といっても過言ではありません。古来日本人は言葉をとても大事にしてきました。言葉による想像力や、言葉そのものの力、とりわけその「音」がとても大切にされてきました。これらを総合して「言霊《ことだま》」と呼んだりもします。

このような言葉の世界を、一人で紡ぐものが和歌であり、複数人で紡ぐものが連歌です。

連歌は、最初の人が五・七・五の発句《ほっく》を詠んだ後に、次の人が七・七の脇句《わきく》を詠み、さらに次の人が五・七・五の上の句を詠み、さらに次の人が下の句を詠むという掛け合いを続けていくというのがルールです。余談ですが、連歌の最後は、「挙句《あげく》」と言い、ここから「挙句の果て」という慣用句が生まれました。

連歌は、まるで現代で言うところの連想ゲームですが、何が面白いかと言えば、複数人で創作することで、自分が思いもしなかったような展開になることです。たとえば、春らしいほのぼのとした歌だなと思っていたら、しばらくして気がつくと秋のもの悲しい歌になるなど、思いがけない展開になったりします。

しかも連歌は言葉あそびなので、物やお金がなくてもできます。そこで、中世には貴人のみならず庶民も連歌に夢中になりました。連歌には相応の教養が必要とされます。そして何よりセンスが問われました。身分や地位の壁を知性が乗り越えていく。その意味で、誰にでも平等にひらかれていたのです。

そして、その連歌に必要な連想のスキルを、頭の中だけではなくて、言葉と物をつなぐ時に用いたらどうなるのかという発想で行なわれたのが、お茶や、お香の世界であったとも考えられるのです。たとえば、お香に名をつける、ということがあります。香りは目に見えないものです。その、目に見えない嗅覚でしか捉えられない感覚に、言葉を付《ふ》すのです。試みに、目の前にある本の匂いをかいでみて、それに名前をつけてみてください。とても難しいでしょう？　そして、できればこれを、友人たちと一緒にやってみてください。人の感覚と自身の感覚がいかに違うかということが分かると思います。また、その人の言葉のセンスを「批評」してみるのも面白いと思います。当然、自身のセンスも批評にさらされます。その時、ちょっと恥ずかしいけれども、その場に集う人の間で、何か、普段とは異なる、「深いつながり」を感じるかもしれません。そう、それが、「座」に連なる喜びなのです。「一座」という言葉があります。「一味同心《いちみどうしん》」という言葉もあります。その場に集う人たちが、直接的な会話だけでなく、香や茶、歌などの文化を通してつながり、連なっていく。それが、いまにつながる伝統文化が持つ魅力の根源の一つなのです。

香りは、嗅覚という、感覚器官の中でも原初的で生理的な感覚です。一方で言葉は論理的で、概念的なものなので、本来双方はかけ離れているものと考えられます。

それを結びつけるというような離れわざを、一人の中ではなく、複数の人たちの中で行なったのです。香りと、香りにつけられた言葉の結びつき方を味わい、「あの人のお香の名のつけ方のセンスは抜群よね」などと批評をしたりするわけです。これは、たいへん知的で、高度で、豊かなあそびといえます。そして、そのベースには、連歌があったのです。もしも連歌がなければ、いまのお茶やお香の世界もなかったかもしれません。

能楽も言葉が極めて大事な芸能で、連歌の影響を大いに受けています。お茶も、濃茶《こいちゃ》のまわし飲みに象徴されるような「一座建立《いちざこんりゅう》」の精神は、連歌がベースにあるといわれています。また、お茶には能楽を元につけられた銘《めい》（道具などにつけられる名）を持つ道具がたくさんあります。それぞれのジャンルを横断しながら、言葉の連想ゲームが互いに絡み合い、元になった能の言葉や物語を知っている人はさらに深く楽しめるのです。それが、伝統芸能の面白さ、奥深さでもあります。

逆に、知らないとその面白さにたどりつきにくいという意味で、伝統文化はハードルが高いと思われるかもしれません。しかし、能であれば装束の色あいを楽しんだり、音曲に身をゆだねてみたり、お茶ならお菓子を味わうなど、「入口」はたくさん用意されています。すべてを初めから理解しようと思わなくてもよいと思います。もとより長年積み上げられてきたものを、「いますぐ」理解できると思うのはおこがましいことだとも思います。

伝統文化は、それぞれジャンル毎に切り離して捉えられがちなのですが、実は相互につながっているという大前提を知っていると、なるほどと納得できることもたくさんあります。難しく考えず、「つながっているんだな」と思うだけでも十分です。それだけでも、より面白く、より理解が深まることは間違いありません。逆に、つながっているからこそ、理解しやすい側面もあるのです。

ある時、研修の一環として若手経営者の方々が弘道館に来られました。彼らは、すでにお花、お茶、和歌などを他の場所で学んでこられていました。弘道館では、文化の継承についてお話しをさせていただいたのですが、受講者の方々に、伝統文化について理解しにくい点がないかを尋ねたところ、「それぞれのジャンルのことは理解したが、共通点や相互の影響関係について知りたい」とのことでした。

これまで、企業の方々からは「伝統文化は難しいので簡単に説明してほしい」というリクエストが多かったので、驚くと同時に、嬉しく思いました。そして、さきほどお伝えしたような連歌の話や、お茶とお香の室礼の共通点や歴史的な根拠などをお話しすると、「すべてがつながった」と言ってたいへん喜ばれました。伝統文化のジャンルは違っていても、歴史をひも解けば、共通して理解できるポイントを見出すことができます。いまの時代の感覚では「なぜだろう？」と思うことが、歴史的な軸を遡ってみることで、腑《ふ》に落ちることがあるものです。

このような企業人からの深い関心は、ここ六、七年ほどの間に見られる傾向です。先行きの見えにくい時代にあって、さらに先へと進もうとする経営層の方々の中には、自国の伝統文化にヒントが見出せるのではないかと考える方が増えていると感じています。

一方で、そのことに明確に答えることのできる、伝統文化側の人や組織が整っていないのが現状です。依然として、伝統文化には「入口」が分かりにくいという課題が横たわっています。だからこそ「伝統文化と人」、「人と場」をつなぐ「橋渡し役」の存在がますます重要になるのです。

歴史に対する認識の薄さは、私たち観客など享受する側だけでなく、芸能を担う演者など文化の継承者も同じです。演者たちも現代に生きる同じ人間ですから、歴史的な感覚や知識が必ずしも深く鋭いわけではありません。先ほど申し上げたような歴史的につながっている芸能同士でも、ある時点から独立したジャンルとして独自の道を歩み続けることもあり、そこから交流がなくなることも珍しくはありません。しかしながら、根っこの部分でつながり合っている事実は紛れもなく、その「地点」を見出すことができれば、面白い発見と創造が生まれるのではないかと思います。このことは第三章で述べたいと思います。

「敷居」は必要か

伝統文化の面白さを知っていただくために、いろいろな方を能や茶会にお誘いするのですが、「伝統文化は敷居《しきい》が高い」と敬遠されてしまうこともしばしば。そこで私はたいてい「だまし討ち」をすることにしています。できるだけ気楽に、リラックスをして、とはいえ手抜きをせずに「本格的」な場を楽しんでいただくことが、伝統文化との「出会い」として大切ではないかと思うからです。結果はいつも大成功で、後になって「あの時のおかげで海外でも自信をもって日本のことを語れたよ」など、たいへん感謝されることが多いのです。

そのようなことを繰り返していくうちに、「分からない」から「敷居が高い」ということではないと思うようになりました。私たちの心の内側のどこかに、「敷居が高い」といって、その対象に入っていこうとしない、本当に理解しようと歩み寄らないような気持ちがあるのではないでしょうか。

かつて私も、「敷居を下げるにはどうすればよいか」と思い、積極的な活動を行なっていたことがありました。しかしある時、それは誤りだということに気がついたのです。無駄に敷居を高くする必要こそありませんが、「文化に敷居は必要」と考えるようになりました。むしろ、この敷居があるからこそ、人は伝統的なものから学ぶことができるのではないでしょうか。

落語家の桂吉坊さんがある時、「敷居はなくすとか低くするとかではなく、〝敷居はあります〟と宣言してしまったほうがよいのではないか」とおっしゃいました。また、「敷居はあるほうが越えた時に楽しい」とも言われてハッとさせられました。私はこの言葉を聞いて、敷居は第三者が作るものではなく、その高さも含めて自分で定めるべきものであることを理解しました。落語家さんは高座《こうざ》で、扇子を一本、膝の前に置きます。お茶会でお客は床の間を拝見する時に扇子を置きます。自分と相手との間に「結界《けっかい》」を置くことによって、相手に敬意を表するのです。そのような意味での敷居は、けじめでもあり、礼儀でもあり、決して相手と自分との隔たりを作るのではなく、むしろ深い大人のコミュニケーションを成立させるための知恵でもあるのではないかと思います。

以前、ある式典に協力した際、参加した方々は、みなさん飲食をしながらおしゃべりばかりをしていて、式典はそっちのけでした。ある意味、アットホームな会ともいえますが、日本の宴文化のよいところをもっと生かすべきではないかと思いました。式典中はピシッとして、終わった後は、和やかな会話を、というように緩急をうまくつけることは、宴文化の伝統であり、大いなる知恵なのです。そこの区別をきちんと作れる人が関西、ことに京都には多いと思います。茶道や花街といった、宴の伝統文化が作られ、根づいている証拠だと思います。

とはいえ昨今、この「敷居」、つまり気配のようなものを感じられる人が少なくなっていますなぜならそれは、暮らしの中に、まさに「敷居」がなくなってしまったからではないでしょうか。「敷居」を含め物理的な物や空間に、私たちはたくさんの知恵を忍び込ませてきたのだと思います。

小さい頃に「敷居を踏んではいけません」と言われた経験がある人も少なくなってきて

いるかと思います。いまはバリアフリーの時代ですから、凹凸のない住居が多くなりました。しかもそれがますます推奨されています。もちろん、ユニバーサルデザインとして必要な側面は否めません。しかしながら、便利さや使いやすさと引き換えに、失われているものがないかどうか、チェックしてみる必要がありそうです。その際、たとえば何かが失われるからといって、旧来どおり全く同じものを保持しなければならないわけではありません。それが「失われるかもしれない」と認識することが大事なのだと考えます。その上で、どうすればよいのかということは、これからを生きる私たちが創造し、また選択すればよいのだと思います。

その際一つだけ注意したいことは、「本歌《ほんか》」（和歌などで古歌の語句を用いるなど、趣向を踏まえて作る際の「もと歌」のこと）を残しておくということです。いまの私たちの考え方だけで、旧来のものを取り壊し、代用品を作り、それで機能的には問題ないと考えるのはあまりに浅はかです。これまで伝えられてきたものを、一方でそのまま「保存」し、未来の人々の創造の糧にすべきだと考えます。いまの私たちでは思いもよらなかったような、伝統文化の素晴らしい側面を未来の人が引き出してくれるかもしれません。

先ほどの「敷居」とも関連しますが、弘道館をはじめ、古い神社などでも、訪れる人の

座敷は、一見何もないように見えて、たくさんの知恵が込められている
（撮影：Lucille Reyboz）

中には、庭をめぐる順路や手洗いに行くまでの経路を全部矢印で示してほしいという人がいます。そんなことをしたら景色が損なわれ、庭自体が本来の美しさを失ってしまうのではないかと危惧するのですが、「書いてくれないと分からない」と言われるのです。

これも時代なのでしょうか。施設によっては、順路どころか「つまずかないでください」とか「頭上にご注意」といった、親切な看板もどんどん増えてきています。ある施設で、「誰かつまずいたことがあるのですか」とお聞きしたら、「ありません」という回答でした。でも、「つまずいて何かあったら、補償問題になるから」と言うのです。

親切心で看板を作っているのかもしれません

が、そのおかげでかえって看板にばかり目がいくようになり、気品や緊張感、神聖さが失われているのも確かです。矢印がなければないで、「このあたりにあるのでは」と勘が働くものです。「何かある」と思わせる「気配」が親切心によって損なわれているとしたらとても残念です。

弘道館でも、催しをする際に企画者などから「お客さまが自分の動線が分からなくなるので矢印をつけましょう」と、言われることがあります。たとえば、縁側に「段差があるので、注意書きをつけないとつまずいて庭に落ちる人がいるかもしれない」と。気配さえ感じることができていれば、落ちることはないですし、むしろ矢印をつけることで、人間の注意力が散漫になり、かえってそのほうが危ないと思ってしまいます。

いつのまにか私たちは、気配を読み取る力をなくしてしまい、さらに看板や矢印が、余計に人を甘やかしていくのではないでしょうか。

これでは、自分で敷居を作れる人が減っていくのも道理というものです。

町も同じで、かつてはあまり人が通らない通りというものがたくさんありました。通ってはいけないわけではないのですが、むやみには入りにくい雰囲気を醸し出していました。

数年前には、祇園花見小路の有名なお茶屋「一力《いちりき》」さんの敷地に入って写真を撮ったり、

立ち入り禁止を示す関守石（撮影：大道雪代）

舞妓さんに触れたりする人がいることが問題になり、祇園町一帯に「触ってはいけません」というような看板が立てられました。海外からの旅行者の行動かというと、そうとも限りません。現代の日本人は、やってはいけないことへの感覚が麻痺してしまっているのか、「書かれてはいないけどしないほうがよい」といった事柄に対して判断ができなくなっているのではないかと感じます。

「敷居」は面倒だと言われるかもしれません。その通りです。しかし、その面倒なことこそ文化だと前向きに捉えた時、ひょっとしたら、心がより豊かになったり、どうしても突破できなかった自己研鑽の扉を開くことができたりするかもしれません。そんな知恵が、日本文化にはたくさん詰まっています。

たとえば、「敷居を察する感覚を普段から磨いてみよう！」と前向きに捉えてみる。きっと、面白く、かつ意義深いトレーニングになることでしょう。

実は、この感覚を磨くにあたり、日本の家屋は、とてもよくできているのです。たとえば、雨が降ればガタガタと音がしたり、隙間風が入ったり、自然現象に気がつくというのはもちろんのこと、室内がほの暗いことも感覚を鋭くしてくれるのに役立ちます。畳のへりを踏んではいけないとか、床の間の位置から上座《かみざ》と下座《しもざ》を意識するなど、そういった「見えないけれどもそこにあること」を自然に学べる空間になっています。

また、土壁は触ると落ちてしまうことを知らずに触ってしまったり、汚れてきたからといって拭いてしまう人もいるようです。クロス張りの壁がスタンダードになっているので無理もないかもしれません。和室に住んだことがなければ、知らないのも仕方がないでしょう。和室がなければ、押し入れも鴨居《かもい》も欄間《らんま》も、それこそ敷居も知ることはないのです。

近年の建築物には和室が少なくなっているとはいえ、和室には「畳は落ち着く」というような日本人の心身に訴えるものがあるように思います。弘道館で活動をしていると「畳に座るのは初めて」という方もいらっしゃいます。それでも、心が落ち着くとおっしゃるのは不思議です。もちろん、歴史をひも解けば、数百年前にすべての家に畳があったわけではありません。正座も比較的近年からともいわれます。それでも、こうしたことを考えるきっかけになることも含めて、何か脈々と受け継がれているもの、私たちの根っこを感じることのできる空間であることは間違いありません。

　和室を世界遺産に、という議論があるそうです。先人たちが紡いできた日本を代表する文化遺産という意味においては素晴らしいと思う一方で、文字通りの「遺産」と捉えられることには抵抗を感じるとともに、そのような未来が間近に迫っていることを憂います。和服、和食、和室。衣食住にかかる日常的な「和」、すなわち日本人が携えてきた文化が、いま「遺産」になりつつあります。一つでも多くの日本文化を生きたものとして保持していきたいと切に願います。

第二章　茶室にはあらゆる伝統がつまっている

茶室は伝統文化の入口

これまで、街並みや伝統的な建物のことを多く語ってきました。私自身、茶や能といった伝統芸能に関心を持ち、研究の対象にもしてきましたが、芸能文化がそれだけで成り立つわけではなく、それらが行なわれ、育まれてきた空間が、芸能の未来にとっても極めて大事だということを認識させられてきました。

そのような中でも「茶室」は日本の、そして京都の文化を語るうえで、キーワードになると考えます。

京都市の環境審議会の委員をしていた時のこと。二〇人ほどの委員の中で、文化の専門は私一人。他はみなさん環境や生物などの科学的な分野を専門にされている先生方でした。そこで私は自身の役割を考え、茶室を文化と科学の双方から分析し、環境問題を京都から考える象徴的な場として表現してはどうか、と提案しました。この提案はたいへん喜ばれたのですが、残念ながら、具体的な行動として展開されるには至りませんでした。

改めて茶室とはどのような空間かといえば、「茶事を行なうための部屋」ということができます。京都（府）には現在、国宝に指定されている茶室として、妙喜庵の「待庵《たいあん》」と大徳寺塔頭《たっちゅう》の龍光院《りょうこういん》の「密庵《みったん》」があり、また、愛知県犬山市の有楽苑《うらくえん》に移築されている「如庵《じょあん》」はかつて建仁寺《けんにんじ》・正伝院《しょうでんいん》にありました。そして、誰でも見学できる茶室も多数あり、いかにも「侘《わ》び」た風情の小間《こま》の茶室の映像や写真を目にした方もおられるのではないでしょうか。

いきなり国宝の話をしたので、茶室はかなり特殊な空間だと思われるかもしれません。しかし、少し前までの旧家には数多く見られたように、いわば生活とつながっていたことをお伝えしておきたいと思います。

お茶は、平安時代に遣唐使や留学僧によってもたらされ、のち、鎌倉時代に臨済宗《りんざいしゅう》開祖の栄西《ようさい》が宋（いまの中国）から茶樹を持ち帰り、また喫茶法を伝えたとされています。当時は高価なものでしたが、次第に武家や商人へも広がりました。茶は煮出したり点《てん》じたり、また薬効が説かれてきましたが、いずれにしても飲み物です。それをただ飲むだけでなく、作り方や飲み方が、時代を経るごとに洗練され、茶道という一つの文化が成立しました。私はそのことだけでも、たいへん面白い事象だと思っています。世界中のどこをさがしても、そのような事例はあまり見当たらないからです。最近、韓国で儀礼としてお茶を飲む習慣が見られますが、それは日本の茶道から逆輸入したものと言われています。韓国では李氏朝鮮（一三九二〜一八九七）の時代、儒教により仏教が廃れ、長らくお茶を飲む習慣もなかったそうです。中国茶もありますが、日本の茶道のような「道」という捉え方はあまりされていません。そして、そのような茶のための空間が育まれたのも日本の茶道の特徴ではないでしょうか。

茶室や座敷は、居間と異なり、人を迎えるための空間です。また、座敷は汎用性が高い空間といえます。たとえば、弘道館にはいくつかの部屋があり、それぞれが襖や障子で仕切られています。それらの仕切りを入れたり外したり、また屏風《びょうぶ》を置いたりすることで空間は一変します。また一つの部屋に入るにも、幾通りもの入口を設定することができます。庭を擁しているため、庭から入っていただくこともできますし、縁側など、さまざまな入口を設けることができるのです。私たちはこうした和室の性質を利用して、自在に空間を作るので、常連のお客さまにも驚かれることがあります。ましてや初めて来られる方は、玄関から茶室に入っていただき、そこから庭に出てまた別の茶室に入っていただくことがありますが、そうして次は庭に戻らずに室内を通り、最初に入った茶室にご案内し、しかも床の間の室礼を変えておいたりなどしておくと、同じ部屋だとは認識されないことが多いのです。つまり、最初の茶室と次にご案内した茶室が別棟にあると勘違いされるのです。

有斐斎弘道館の床の間（撮影：宮下直樹）

からくりをご説明すると、「同じ建物内でつながっていたとは！」と目を丸くして驚かれます。
　このように、日本家屋の構造を活かしながら、その日の「茶室」を定めることができるのです。
　茶事専用の茶室ならではの仕立てもあります。湯を沸かすための「炉《ろ》」が切ってあることや、点前をする場所がお客さまの座す場所より天井が低くなっているなど、よく見るとさまざまな工夫がなされていることもあります。とはいえ、多くの和室は茶室で育まれた工夫が応用されており、明確な区分けができないこともあります。
　いずれにしても、和室といえば、よく「何もない空間だなあ」と思われることが多いようです。デコラティブな彫刻もなければ、いかにも高価な大理石が使われているわけでもありません。しかしよく見ると、さりげないところに、大きな一枚板が使われていたり、天井と壁の隙間に細い竹が仕込まれていたり、しかもその竹の種類が四方で異なっているなど、あちこちにいろいろな意匠が凝らされているのです。一つの茶室に何年も通《かよ》っている建築家の先生でも、後になって「ここはこうなっていたんだ」と、新たな発見をされることもあります。建築史家の桐浴邦夫《きりさこくにお》先生が、琵琶床《びわどこ》という床の間の脇にある空間について、特殊な木材の使い方をされていることに気づかれたことがありました。一見何ら趣向が凝らされてもいないように見える部分に、とんでもない手がかけられていて、私もびっくりしました。一般民家の和室にも、いまではもう作れないような技や材が用いられているのです。

しかし、茶室がある家は、いまやどんどん貴重になってきています。

茶室は木と紙と土で構成されています。この事実に気づかせてくださったのは、上七軒の古いお茶屋さんの建物を元の通りに再生させて住まいされている建築家の井上年和さん、えり子さんご夫妻でした。もちろん、茶室に留まらず、日本家屋は全部、木と紙と土でできているのですが、自然そのままというわけではありません。そこに職人のひと手間がかけられているのです。土壁や炉壇の壁面などに使われる土一つとっても、左官《さかん》屋さんがずっと大事に育て、ためてきた土だったりします。熟成された良質の土は、雨風で洗い落と

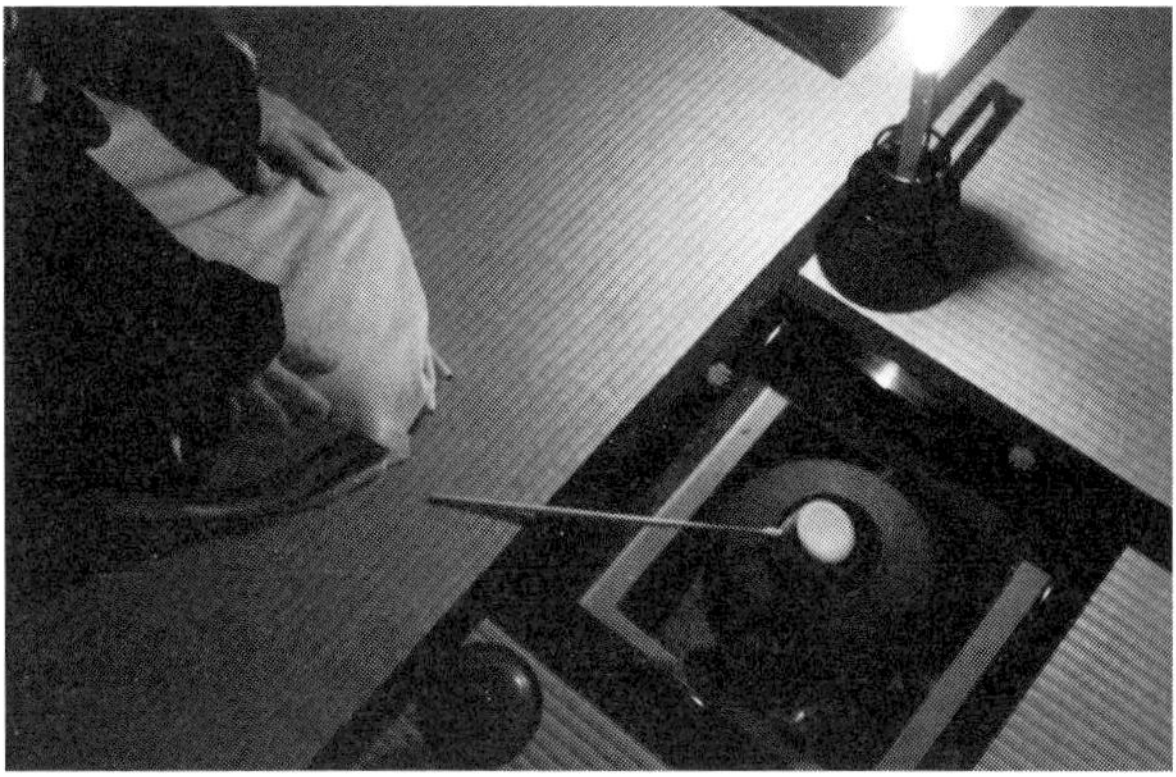

11月から4月は「炉」の季節。いまや炭も貴重になっている（撮影：Lucille Reyboz）

されることのない土壁になるのですが、現代では、良質な土が手に入らなかったり、土を熟成できる左官屋さんがいなくなったりしているそうです。

畳にしても、いまは藺《い》草を生産しているところも少ないですし、わら床をすべて稲わらで作った本畳は本当に少なくなりました。わら床は高価なために、間にポリスチレンフォームを挟むといったような、わらを全く使わない建材畳床のシェアが圧倒的に高くなっています。また、いい畳は組み上がると真ん中に線が入るように見える形になるのですが、いまは、そのような畳を見ることもほとんどなくなりました。

一つひとつに、それぞれの分野で長い年月磨き上げられてきた技術がふんだんに使われており、素材の粋《すい》ともいえるものが詰まっているのが茶室なのです。

そうして作られた空間に、茶事をする際にはさらに掛け物、食事の器となる焼き物、塗り物、指《さ》し物、竹製品、布の小物、着物など、ありとあらゆる素材と、職人の技術が結集するのです。

茶室一つをひも解くだけで、多くの日本の伝統技術を俯瞰《ふかん》することができます。「伝統産業」や、「伝統文化」というと、全部バラバラで、それぞれが独立して存在しているように思われる方も多いと思いますが、茶室というフィルターを通してみれば、それぞれが有機的につながっていることが分かります。

さらに、その構成要素の一つひとつを細かく見ていくと、林業や農業にまでつながっていきます。

たとえば「炭」に焦点をあてれば、まずどこで誰によって作られた炭なのか、材料は何なのか、産地はどこのものなのかといった話になるでしょう。現実に、炭焼業者は激減しており、良質の炭を入手できなくなってきています。そこから日本のエネルギー問題、森林放置の問題、農山村地域の過疎化、各種産業の後継者不足といった、日本の自然環境や生活環境、人口の問題に至ります。さらに、山の保水能力や栄養供給能力が低下しているのではないか、そのため海にも影響が出ているなど、「炭」一つをとっても、産業をはじめ、いまも日本が抱えている問題へと広がっていくというわけです。

このように、伝統文化を一つひとつ辿ればたどるほど、それらの技術や素材は危機的であることが分かり、思わずため息をついてしまいます。このまま日本の伝統文化は衰退の一途をたどってしまうしかないのでしょうか。

そんなことはありません。よくよく考えてみれば光明はあります。なぜなら、茶室に関連して、これだけ多様な問題が転がっているということは、逆にいうと、茶室には課題解決のためのたくさんのヒントがあるということを意味します。入口が狭く感じられる茶室も、実は、多様な人々に関心をもってもらえる可能性が大いにあるのです。

着物の好きな人、焼き物が好きな人、建物が好きな人。伝統的なことだけではなく家庭菜園が好きな人、山歩きが好きな人……。何か一つでも「好き」と思えるジャンルの物があれば、それをきっかけとして、茶室とつながりを持つことができます。

たとえば、お茶会で「着物ってきれいだな」と思えば、着付け教室に行ってみる人もいるでしょう。着物が自分で着られるようになれば、昔の着物や、帯や扇子《せんす》などの小物、織物などに興味が広がる人もいるでしょう。また、着物を着て美術館に行ってみよう、歌舞伎鑑賞に行ってみよう、お茶を習ってみようと広がる人もいるでしょう。

このように、伝統文化の入口としても茶道は最適ではないかと考えています。初めからすべてを理解しようとしなくてもいいのです。かくいう私も、高校生の時、「お菓子が食べたい」という甘い動機で茶道部に入部したのですから。

茶事は一期一会のドラマ

茶道というと、お菓子とお抹茶をいただくというイメージがありますが、それだけではありません。その元には、「茶事」があります。

茶事は、正式なものになると三時間半ほどかかります。実は、一般的に行なわれているお茶とお菓子だけをいただく茶会は、略式のものなのです。

茶事は、客が待ち合わせをしたり、身支度を整えたりできる「待合《まちあい》」に入るところからスタートします。そこで、待合に掛けられているお軸を見て、今日のテーマは何だろうと想像を膨らませます。

待合で気持ちを高めたところで、露地（庭）に出ます。露地草履《ぞうり》といわれる専用の草履を履いて庭の石を踏んで歩くのですが、初めての方にはそれだけで「非日常」を味わえる

雨天時には露地笠を用いる。亭主が蹲踞を浄めているところ（撮影：久保田康夫）

かもしれません。そしてその庭も、門をくぐって外露地から内露地に入るといった数々の仕掛けがあり、腰掛けの待合に腰をかけて心を鎮めることになります。

こうして始まる茶事の流れを、これから簡単に見ていきましょう（季節や流派などにより異なります）。まるで演劇のキャスティングのように、道具が配され、それぞれが役割を果たしていきます。そこかしこに「仕掛け」がほどこされているのを想像していただければと思います。

腰掛待合で待っていると、その日の茶会の亭主がお出迎えをしてくれ、客と無言の一礼を交わします。この時、客と亭主はその日初めて出会うことになるのです。そして、蹲踞で手と口を浄め、席に入っていきます。

このように少しずつ心を鎮め、身を整えていくことで、日常から非日常へと段階を踏みながら、気持ちを切り替えていくのです。

そして、「手がかり」があけられている（手がかけられる程度だけあいていること。つまり入ってもよいという合図）茶室の戸を開き、扇子を置いて、一礼をします。顔を上げれば、ほとんど何も置かれていない空間に、釜があることに気がつくでしょう。釜は「一室の主人公」ともいわれ、その存在感との対話が、ここで繰り広げられるのです。心の中では「こんにちは」「お邪魔いたします」といった具合でしょうか。そして、まずは床の間に向かいます。床の間にはお軸が掛けられています。お軸は、亭主がその時の客に合わせて、つまり自分のことを思って選び、またそのために誂えたりもするものです。客はそれを受けて「今日の茶会で亭主は何を自分に伝えたいのかな」と想像します。無言のコミュニケーションは、待合から、いえ茶会の開催が決まった時から始まっているわけですが、ここ本席に及んでは、本番も本番、茶事はまるで「謎解き」のゲーム。そんな、亭主と客の間の、真剣勝負がスタートしているわけです。

そして、炭を起こすための「炭点前」がはじまります。風炉《ふろ》や炉と呼ばれる釜を置く台から、湯の入った釜をおろし、釜の下にくべられている種火のついた炭の上に、炭を並べていきます。茶事なのでお茶が点てられるだけと思い込んでいる方には、その作業はもしかしたらちょっと退屈に思われるかもしれません。それは、お茶をいただくための「準備」だからです。準備なら、お客が来る前に済ませておくべきではないかと思う方もいらっしゃるでしょう。しかしながら、この、客の目の前で炭を起こし、お茶を点てるというスタイルは、数百年の間、続けられてきたのです。私たちは、バックヤードからお茶を出すのではなく、あえて、自分たちの目の前で炭を起こし、お茶を点てるという方法を好み、選び、継承してきたのです。まさにオープンキッチンの元祖！

　では、なぜ客の目の前で炭を起こす必要があるのでしょうか。そもそも、釜の湯は、炭で起こしたものと、電気やガスで起こしたものと、その味は異なるでしょうか。おそらくほとんど差異はないでしょう。そうであるならば、「美味しいお茶を、美味しくいただく」という目的のためには、炭は必ずしも必要がない、ということになります。そのように考えた時、「いや待てよ、美味しいお茶を作ることだけが目的ではないのかもしれない」ということに気づくわけです。そして、そもそも「美味しいとはどういうことか」という深い問いにも考えが及びます。「美味しいお茶をいただく」ことと、「お茶を美味しくいただく」こととは、意味が違っているのではないかと。こうした微妙な差異や、「引っかかり」、ちょっぴり屁理屈とも受け取られそうな疑問が、時に重要な本質を突くことがあるものです。

そもそも、「火」の発見は、人類の食のレベルを飛躍的に向上させました。火をコントロールする技術は、共同体にとって最も重要な技であり、文化の源になったといっても過言ではないと思います。茶事をするということは、人が「食べる」という文化的な営みの歴史を、パノラマのように見せてくれる時間なのではないでしょうか。

茶を嗜む人が最も大切にするのは「灰」であると言われています。夏の土用に灰を作るのは茶人にとって大事な年中行事の一つです。「灰を作る」とはどういうことか。炭を燃やせば白い灰になるのは当然ではないのかと。その通りなのですが、その灰には灰汁《あく》がありそのままでは使えません。そこで年に一度、夏に灰を作る作業をするわけです。灰を何度もふるい、洗い、灰汁を取り除く作業を繰り返し、天日干しをします。灰にも種類があり、湿り気のある灰なども作るのですが、いずれにしても非常に手間のかかる作業です。上質な灰を作るには、毎年の作業を繰り返して数十年かかるとも言われています。

茶事の前にはこの灰を炉や風炉に仕込んで型を作る作業があります。この作業に丸一日以上かける人もいます。その灰の上に炭を置くのです。この炭がなかなか入手できないという話をしていますと「高級な炭があるので持ってきますよ」と言われることがあります。ただ、よくよく聞いてみると炉端焼用の備長炭《びんちょうたん》だったということがよくあります。茶事で使う炭は、茶事用に作られ、定められた長さに整えられており、あらかじめ洗って干すなどの準備がなされたものです。

湯を沸かすという「目的」だけで言えば、このような作業はすべて不要ということになります。ところが、この現代的な感覚での「ものさし」によって、「炭点前っていらないよね」となってしまってよいものでしょうか。茶事は、「そうではない」ということ、つまり、人間の原初的な感覚や、先人たちが大事にしてきたものを理屈抜きで、ひたすら大切に伝えていくことの重要性を、教えてくれているように思います。そのために、人を律するための「型」があります。

茶事の話に戻ります。炭点前が終わると、懐石をいただきます。実は、料理を食べている間に、釜の湯がお茶にとってちょうどよい温度となるように仕掛けているのです。

懐石は、読んで字の如く「懐《ふところ》の石」という意味です。禅僧が、温めた石（「温石《おんじゃく》」）を懐に入れて空腹を凌《しの》いだため、この名称が生まれたと言われています。ですので、現代の人々がよく想像するような豪華な料理ではなく、ごく素朴な料理が本来の懐石です。とはいえ、時間をかけて作られた手の込んだ品々であることには間違いありません。そして重要なのは、お酒とともにいただくということです。茶事は一種の「宴《うたげ》」です。宴は、神様に感謝の祈りを捧げる「直会《なおらい》」にもつながります。神様に収穫物や酒を捧げ、その前で舞を舞って歌を歌い、その後、神様に奉っていた供物《くもつ》を「お下がり」として、人々が共にいただきます。宴席において「酒」の役割がとても重要なのは、現代の宴会でも同じです。

最初に炊き上がりのご飯がほんの少しと味噌汁、そして「向付《むこうづけ》」と呼ばれる刺身や膾《なます》などが出てきます。向付は酒の肴《さかな》と考えてください。メインディッシュは「煮物碗《にものわん》」です。現代の私たちからすればメインは肉や焼き魚では、となるわけですが、そうではありません。すまし汁に真薯《しんじょ》などが盛りつけられ蓋《ふた》のついた器で出されます。そして、焼き物や炊き合わせなどが出されます。最後は「八寸《はっすん》」と呼ばれる海山の肴が出され、亭主と客が一つの盃で酒をいただく大切な場面となります。一つの盃が主客（亭主と客）の間を行き来することから「千鳥の盃」ともいわれます。

最後に、主菓子《おもがし》と呼ばれる和菓子が出てきます。主菓子の意匠は抽象的で、「銘」がつけられています。客はこのお菓子の味を舌のうえに残しながら、庭にある腰掛待合へと退出します。

茶事は続きます。客はほろ酔い状態。そして、再び茶室に入ると、中の室礼が変わっており、床の間には掛け物がなく、お花が飾られていることに気づくでしょう。

そこで、お濃茶の点前があり、参加者全員で一つの茶碗をまわしていただきます。その後たばこ盆が出てきて、干菓子が出され、最後に薄茶を喫してエンディングを迎えます。

ざっと説明すると以上が茶事の流れです。ここで、上記からすると、一般的な茶会で行なっている主菓子と薄茶という組み合わせはありえないことが分かります。一般に生菓子として販売されている「主菓子」は、薄茶のためのお菓子ではないのです。そもそも薄茶にあわせたお菓子ではないわけですから、甘く、時に重たく感じられるかもしれません。そのように感じる方は感覚的に間違っていません。茶事の中では、懐石の最後に出てくるのが主菓子であり、その後、一度庭に出て気持ちも新たにして茶室に戻ってきて、濃茶をいただくのですから、あえていえば濃茶をいただくために準備されたお菓子、となります。もしくは、懐石の最後を締める存在、といえるでしょう。

長々とご説明をしてきましたが、茶事の中で、薄茶が出されるのは最後の二〇分くらいのことなので、略式で行なわれる一般的な茶会では、この部分を切り出して茶会としているということを、お分かりいただけたかと思います。

お酒があって、料理があって、最後の最後に薄茶が出される意味を考えると、薄茶が日常に戻るための役割を担っているとも考えられます。お酒をいただく宴のあと、濃茶では、精神的な緊張感が高まる状態にあるわけですが、その緊張感のまま外に出て日常に戻るのは大変なので、最後はリラックスしてねという意味で薄茶と干菓子が出されると考えてよいと思います。

その最後の部分だけを、切り取って茶会としているのにはもちろん意味があり、より多くの方にお茶の文化に興味をもってもらうためには意義のあることだと思いますが、一方で、私は、「本歌」に当たる茶事を知るチャンスをもっと作るべきだと思っています。私自身、茶事を初めて体験した時に、たいへん感動しましたし、それまで退屈になりがちだったお茶のお稽古が一気に楽しくなったものです。「お茶事あってこその、この抹茶なんだ」ということが理解できたのです。「大勢で薄茶をいただく茶会の次に茶事」ではなく、「茶事を前提としたお稽古」を意識したアプローチが大切ではないかと思います。

最近では海外からの茶事のオーダーが後を絶ちません。日本人よりも要望される方が多いのです。本来の形をきちんと教えてほしい、と言うのです。もちろん、薄茶もいただいたことのない方に、いきなり三時間半は大変だと思われる場合は、エッセンスを抜き出し

最初に、汁・飯・向付が折敷にのせて出される（撮影：久保田康夫）

「八寸」は、八寸四方の杉板に、海のものと山のものが盛られている（撮影：久保田康夫）

て提供するようにしています。

茶事と一言にいっても、待合、掛け物、花、料理、器、酒、濃茶、薄茶、主菓子、干菓子と、さまざまな構成要素があり、それぞれに意味が込められています。掛け物は、単に季節のものを飾っているのではなく、亭主は、すべての物を通して客に言葉では伝えられないことを伝えていて、客は亭主が何を言おうとしているのかを受けとめ、解いていくわけです。そして、パズルのように亭主のかけた謎が解けた時に「あ、このことか！」と腑に落ちるのが、茶事の醍醐味なのです。この喜びは日本人に限らず外国人の方とも共有できるものなのです。

謎解きをあそぶ茶事の愉しみ

現代の茶会は、お茶を飲むための茶会、まさに茶会のための茶会として行なわれることが多いのですが、もともとは人を招き、その相手に想いを伝えたい、何かを成立させたいという目的がありました。たとえば、「この人と仲良くなりたい」「この人と商売を成立させたい」というような意図があったのです。もしくは「美味しいものが手に入ったから一緒に食べよう」というようなことも。これも立派な目的です。

たとえばその日のお題がざっくりと「祇園祭」だとしましょう。それに関連する掛け物を準備するとともに、さらに客人の長寿を祈るのが目的であれば、長寿伝説がある菊慈童《きくじどう》の姿をした稚児《ちご》人形を飾ってみる、また客人のお誕生日を祝うのであれば誕生日のネタを、会社同士の茶事であれば会社のイメージカラーや製品の特徴をあしらったような何かを飾るなど、お客さまが喜んだり驚いたりするような、さまざまな工夫が考えられます。

客人の会社のシンボルが三角のマークだとして、三角の図案をモチーフにした器を用いることとしましょう。三角は魔除けの意味を持ちますので、そこから連想をめぐらせてさらなる趣向に展開することもあるでしょう。招かれた側としては嬉しい気持ちにならないはずがありません。

誕生日のネタを仕込むにしろ、会社のネタを仕込むにしろ、まずは相手のことを知らなくてはできません。知ったうえで茶事を行なう。呼ばれた側はその亭主の意図を、茶会を通して読み解いていく。

このような段取りも手伝って、茶事を通じて、お互いに相手のことが普段以上に深く分かりますし、招かれた側は、亭主が自分のことを考えてくれていることも感じとり、絆が深まるのです。茶事は、信頼関係を築く場でもあるのです。

ただし、こういった謎解きは、亭主にも客人にも文化や歴史に関する知識がないと成立しません。さらに、古典的な知識だけでなく、現代の社会情勢などを踏まえての趣向も考えられますから、とにかくジャンルや世代を超えた興味関心を持ち、アンテナを張っておくことが肝要です。

亭主は、しばしば見えない相手のことをも考えて茶室の室礼を考え、懐石の献立を考え、すべての道具を選ばねばならないので、大変な労力を要します。

さらにせっかく用意した謎解きも、どこかで気づいてもらえないと意味がないですし、かといって、簡単に分かるものではつまらないわけです。亭主は茶会中も感覚を研ぎ澄ませ、途中で客人の反応を見ながら、室礼を変えたりすることもあります。

「利休七則」という、千利休の教えとされる言葉に「降らずとも雨の用意」という言葉があります。雨が降ってなくても傘の準備をせよという意味で、茶事では想定外のことをも想定してさまざまに準備をしておくことを心がけます。本当に想定外のことが次々に起こることもあるのですが、一方でそうしておくと、たとえ想定外のことが起こらなくても、「よりよい」対応が可能となります。

そのような楽しく奥深い茶事ですが、現在、お茶を嗜む人の中でも、茶事をされる方は、本当に少ないと思います。お茶を教えている教室でも、茶事の道具はたくさん必要で、揃えることができないことも多く、お茶を習っていても一生、茶事に出会えないこともあるようです。ただ、「茶事があってのお茶」ですので、お茶を習っている人は、ぜひ一度は早いうちにお茶事を経験していただければなと思います。

弘道館では、お茶事を積極的に体験してもらえるよう、一般に参加者を募って茶事のプログラムを行なっています。また、最初から正式な茶事だと重く感じる人もいるので、料理をより簡略に点心にしたり、お酒のやりとりと濃茶・薄茶だけの茶事も開催しています。

お茶事を行なうことが少ない大きな理由として、茶事を開催できる建物がないということも言えるかもしれません。

茶事は、露地庭がないと成立しにくくなります。京都以外では、たとえばホテルなどの敷地内に数寄屋造りの茶室が作ってあるところもありますが、お茶室はあっても、茶事ができる場所は、なかなかありません。

弘道館でも茶事を完璧に実施するのは大変なのですが、庭があって腰掛待合がある空間や建物を活かして、できるだけ本来の茶事の姿を伝える努力をしています。

また、お茶の経験がなくとも、お茶事を通して日本文化を知ることは大事なことである

手を浄めるための蹲踞（撮影：Lucille Reyboz）

と考え、その一環として弘道館では毎年、大阪のある高校の学生さんたちにマナー教室を開催しています。この高校は、一学年の学生数が二〇〇人弱なので、さすがに茶事はできませんが、ホテルで懐石風の料理を出してもらい、お茶の先生をお呼びし、お椀の持ち方や、お箸の持ち替え方など、どういうふうにすればきれいに見えるか、蓋をどう取るのかなどのお作法と一緒に、お茶事の流れを説明しています。

　また、私が准教授として伝統文化を教えている大学の学生と、毎年、茶事を開催するという活動も行なっています。下級生が客となり、上級生が亭主となるので、学生たちは四年間を通してもてなす側ともてなされる側の両方を体験することになります。茶事は「亭主七分《ぶ》に客三分」の楽しみといわれ、亭主側のほうが、いろいろ考えるので面白いのです。

場所や時間のほか、あそびを楽しむことができるゆとりや教養など、茶事を楽しむためには、いくつもの要素が必要です。たとえば、懐石を盛る器には日本内外の陶器や磁器があり、その器を料理によって変えたり、季節や趣向によって変えるといったことも楽しめます。道具を「拝見する」ことについては第一章でも触れましたが、茶事はまさに見る歳時記ともいえるのです。

茶事で使用されるものは、お茶碗だけでなく、掛け物や花器など多くのお道具、茶室にある物すべてに物語がつまっていて、技術と知識の集積です。

おそらく、日本のお茶のように、日常のさまざまな所作が一つの文化として昇華されたものは、世界的にみても珍しいと思われます。たくさんの知恵が積み重ねられている茶事をもっと日本人に知っていただけたらなと思います。

お茶は想像力、思考力を養うビジネスエリートの教養

私は、お茶は企業研修にもっと活用されるようになればと考えています。

マナー、言葉遣い、所作などはもちろんのこと、「茶事を組み立てる」ということが、

ビジネスにおいても役立つ思考力や発想力のトレーニングになると思うからです。そもそも、千利休も商人でした。信長や秀吉は武将。いずれも人の心を掴み、世の中を動かした人たちです。

茶事は、もてなす側になると、客人がどうしたら喜ぶのか、熟考して準備をします。つまり、相手の攻略方法を練るわけです。これはビジネスで成功するにはどういうプランを立てればいいかという戦略を練るのと同じことです。

実際、茶事が始まってお客さまが待合に着くと、もてなす側は、裏の水屋にいながら、表側でお客さまが何をされているかを想像して、先々を読み、次は飯に火を入れよう、道具を取り替えよう、水をまきに行こうなど、いくつかの場面を並行して想定しながら処理をしなくてはいけません。茶事は生きものですから、何が起こるか分かりません。雨が降ったらどうするか、といった危機管理を含めて、あらゆる局面における選択肢を想像しながら、裏で準備をしておきます。何かトラブルが発生しても、それを客人には気づかせずに、美しく洗練された形として対処していく必要もあります。

私は、その思考能力や、判断力、段取りを組む力、水屋における統率力などは、まさに社会人が身につけるべきスキルであり、企業研修に取り入れたら、とても効果的ではないかと思い、十数年にわたり企業や個人に向けてのビジネス研修を行なってきました。

実際に、昔の経営者には茶事を嗜んでいた人も多く、ビジネスエリートの教養の一つとして茶事は欠かせないものでした。

大正時代の財界人たちも、茶事をしながら、ビジネスの戦略を練ったり、美しい所作を身につけたりしていました。茶事のテーマや道具の銘は、和歌や古典作品などの物語から取られることもあるので、自然と日本文化に関わる教養も身についていきました。

茶室は、知性、教養、所作、危機管理、ビジネススキル、すべてが学べる場だったのです。

そして、何よりも「相手を慮《おもんぱか》る」のが茶事です。

茶事の時にお世話になる京菓子屋さんが教えてくれたことですが、その方は修行中、お菓子の作り方を学ぶだけでなく、「人を読む」訓練をしたそうです。具体的に何をしたのかというと、あらゆる世代の雑誌を一通り読んだと話してくれました。

女性向けのファッション誌から、妊娠・育児雑誌、幼稚園児向けのもの、男性誌、経済誌、健康雑誌、インテリア雑誌……。ありとあらゆる雑誌を読み、それを「人を読む」ことに役立てたそうです。そしてそれをいまでも習慣化して続けているそうです。

そうすると、売り場に立って、向こうからお客さまが歩いてきた時、たとえば、その人の足元、靴を見ていると、「これを買うんじゃないかな」と、買うものを当てられるというのです。

それは、お菓子を作る上でも必要なスキルなのだそうです。つまり、誰が何を求めているかに合わせた物を作るために、とても大切なことなのだというのです。

お茶事は、もともと亭主が客のために料理もお茶もお菓子も、時にお道具まで、すべてを作るのが基本ですが、それはなかなか大変なことです。このお菓子屋さんのようにそれを専門の商売にしている人たちもいるわけですから、お茶碗は誰々さんに作ってもらって、料理はどこどこにお願いして、お菓子もその時々に応じた和菓子屋さんに頼む、というようにして専門の職人や店が発展していきました。

和菓子屋さんは、お菓子を発注する亭主の要望に応えてお菓子を作るわけですが、実は、本当に応えなくてはいけないのは、亭主ではなく、亭主の客人です。目の前にはいない客人が喜ぶお菓子を作らないといけない、ということです。そこで、たとえば亭主が、「季節にあわせて明るい色の菓子を」と注文されたとしても、「お呼びするお客さまの年代からすると、少し色を落としたほうがよいのでは」などと提案することもあるそうです。そして、お客さまが喜べば、亭主も嬉しいというわけです。

しかし、多忙な現代人はそこまで相手を慮れる余裕がなくなってきました。何かビジネスをするにしても、目の前の人やお金しか見えておらず、本質を見通すことができていないのではないかと感じることが多いのです。それはひょっとしたら、茶道をはじめとする伝統文化の豊かな学びが、日常の中から薄れてきていることも遠因となっているのかもしれません。

本章の冒頭でもお伝えしましたが、以前は日本各地の民家にも茶室がありました。日常に茶室がある世界、すなわち伝統文化が包括された日常というものは、本当に素晴らしいものです。

床の間も、家の中で、日本文化を身近に感じられる場所です。掛け物やお花で季節を感じることもできます。もちろん、お軸を壁に掛けたり、お花を玄関に飾ったり、別の場所に飾ってもいいのですが、やはり壁に掛けるのと床の間に掛けるのとでは、掛けている物の「格」が違って見えます。

そして、床の間は、自分が頭を下げて拝見するという行為の大切さも教えてくれます。床の間が大切である理由の一つかもしれません。床の間があることで、心を整えてくれたり、敬意を持つ姿勢が育まれたり、そうすることで自分と向き合うことができます。

床の間に飾るものは、年代もののお軸や、巨匠が手がけた作品など、高価な物でないといけないというわけではありません。自分で書いたものや、ふと目にとまった雑貨屋さんの絵でもよいのです。自分が選び、自分がよいと感じる心が大切なのです。

内外の投資家の中には、美術品を見ることもせず買っている人たちがいるということを聞いたことがあります。美術品をただの投機対象として見て、価値が出たら売るというような人が増えているというのです。それは非常に残念なことです。作品に込められた作者の思い、技術よりも「この作品を買えるほどお金持ちである自分」が何よりの価値なのかもしれません。

美術もまた「難しいもの」になってしまっているのかもしれません。床の間のような、日常に接続する形での、美を飾る営みが少なくなってきたことも原因の一つでしょう。失われたものの中に、大切な知恵があるということに気づくことができればと思います。

時間をかけて培われてきたものに価値を感じる目は、一朝一夕に育つものではありません。しかし、茶事の亭主になることによって、美術品の本物の価値を見る目を養うことや、人間性を高めることはできます。いまこそ、若い経営者やビジネスパーソン、その予備軍である学生さんたちに茶事をおすすめしたいと思います。

誰でもお茶人になれる

そんな茶事も、長年お稽古を積まないとできないのではないかと思われがちです。伝統文化、とくに「道」のつく茶道や香道などは、一生かかっても到達できないと言われます。茶事もまた、極めるためにはかなりの年月と経験が必要なことは言うまでもありません。しかし、だからといって、「極めてから」と思っていては、それこそ一生かかってもできないことになってしまいそうです。それはあまりにもったいないと思うのです。

私が、初めて亭主となって茶事をしたのは、まだほとんど茶事について学んでもいなかった頃のことでした。親しい友人が、「お茶事は、誰でもできるものだよ」と言ったのを聞いたのがきっかけでした。もちろん、茶事がそう簡単にできると鵜《う》呑《の》みにしたわけではないのですが、「何事もやってみないと分からない」という信条のもとに、さまざまな伝統文化を習ったり体験したりし続けていた頃でしたので、思い切ってチャレンジしてみることにしました。

初めて経験して分かったことは、茶事は、技術以上に教養や考える力が必要だということとでした。

最初の茶事には、一緒に亭主をつとめてくれる友人を誘いました。その友人は、更紗《さらさ》という布地の作家さんの娘さんで、本人も布製品をアレンジした作品を手がけていたので、それを使うことにしました。日本料理で勝負することなどできないという思いもありましたので、料理も更紗に合わせてエスニックメニューで茶事仕立てにしました。

形式は茶事の形式ですが、すべて私なりに考えて、拙《つたな》いながらも、自分で組み立てる喜びを味わうことができました。

いま思うと、自分がやりたいことをやっただけで、ずいぶんと独りよがりになっていたと思いますが、何より、「相手がこれを喜ぶかな」と考えると、とてもワクワクするのです。

何回かお茶事をして振り返ってみると、「あれは押しつけがましかったかな」と気がつくことがあります。そして、次は「どうすれば相手に喜んでもらえるのか」「相手のためになるか」ということを考えるようになります。また、自分が亭主としてお茶事の経験があると、お呼ばれをした時に、何か先方にミスがあってもおおらかに過ごせますし、逆に、何げない心づかいに感動することも増えていくのです。

このような経験を繰り返していくことで、お茶事に臨む感覚というのか、柔軟性や説得力が磨かれていくのです。お茶事は、究極の大人の学びの場であり楽しみでもあるのです。

ぜひみなさんにも、お茶事の亭主を経験してほしいと思います。

お茶事の道具は、道具屋さんで買うこともできますが、ネットオークションなどで手に入るものもあります。道具は高価なものでなくてもかまいません。何ならＤＩＹで自作することもできます。私の場合は旅先で仕入れることが多く、ふらりと入った雑貨屋さんで若い作家さんの器が手に入ることもあります。海外旅行では「見立て」で使えそうなものを買うのも楽しみです。

たとえば、ナプキンリングを「蓋置《ふたおき》」と呼ばれる茶道具に「見立て」ることもできますし、ボンボニエールは「茶器」や香を入れる「香合《こうごう》」になるかもしれません。実際に、パリでランプシェードを水指《みずさし》に見立てて茶会を行なったことがあります。千利休も、朝鮮半島由来の雑器を茶道具にしていました。

茶事を組み立てる際には、いろいろな選択肢の中から、一席ごとに、その人に合わせて、あれとそれとこれ、と選択をして組み立てることが大切です。たとえそれが雑貨ショップの物であっても、この人、その場所、その日、その時を思って考えたことが相手に伝わればそれでよいですし、その気持ちがお茶事を組み立てる上で大事なことだと思います。名品をそろえないとお茶事ができないのであれば、大金持ちにしか茶事はできません。私にお茶事をすすめてくれた方は、茶事を組み立てる時に名品や家元のものだけでなく、たとえばアニメのキャラクターなどをうまく取り入れたりもされます。

客人側としては、名品かどうかということだけではなく、たとえ写しのものであったとしても、「こういう思いで、亭主がこれを組み立てている」という過程と結果を見るのがお客としての楽しみだと思いますし、お客としての思いやりだとも思っています。

現代の日本において茶道が「古臭い」「権威的」「怖い」といったイメージだけが伝わっているとしたら、とても悲しいことです。

お茶事のような伝統文化は、「こうあるべき」と思っている方もいますが、がんじがらめにならず、もっと自由でいいのです。要《かなめ》の部分は守り、相手を想像する、思いやるといった最低限のマナーがあればそれでいいのではないでしょうか。

茶事も、亭主がもてなしてくれることを純粋に楽しめばいいのです。ただし、本当に楽しむためには、最低限の知識と作法、そしてコツも必要ですよ、ということです。それを恐ろしいと思うのではなく、「面白い」と思うことこそ、本当のコツかもしれません。

どこでも茶室になる

茶室は自宅にないし、借りられるところも近くにないという方も多いと思います。しかし、和室がない場合はどうすればよいでしょうか。それは、どこかを茶室に見立てればよいのです。

このことを教えてくださったのは、弘道館の共同運営者である太田達《とおる》さんです。太田さんは、どこに行っても、「この空間のどこが床の間になるのか」をパッと見極めます。マンションの一室でも、ホテルのロビーでも、デパートの売り場であっても、「ここ」とおっしゃいます。そしてそこにお軸を掛ければ、魔法のようにその空間が茶室になるのです。

そんな太田さんとは数々のユニークな茶会をご一緒させていただきました。

『知の技法』(東京大学出版会)の編者として知られる哲学者で東京大学名誉教授の小林康夫先生が、学生であった私に国際的な学術シンポジウムやアートイベントに関わる催しのコーディネートを依頼してくださったことがありました。

たとえば、青森県の三内丸山《さんないまるやま》遺跡でお茶会ができないかと言うのです。

縄文時代にお茶はありません。でも、そこでお茶会をするとしたら、どういう意味になるのだろう？　と考えました。

そこで、遺跡のある青森県内を車で走り回り、いまもプリミティブな暮らしを実践しながら縄文土器を焼いている、一戸広臣《いちのへひろおみ》さんに出会いました。お茶も嗜んでいる方で、土偶の技法で作られた器を、その場で譲っていただきました。その器と、遺跡で発掘された木の実や漆をモチーフにしたお菓子と菓子器、熊の毛皮などを使って「縄文人のお茶会」を開催したのです。

縄文遺跡は円形で構成されています。一方、茶室は四角です。通常の茶室ですと、「茶室に入れば平等」といいながら、実は座る位置で序列がはっきりと示されます。ところが、円形になってお茶を飲むと、上座も下座もありませんから、「誰が上？」という感覚になり、それが面白い。すると、「なぜお茶室は円ではなくて、四角にしたのだろう？」と考えるに至ります。そういった発見も面白いものです。

他にも海外の学者の方、ビジネスパーソン、アーティストの方が来日した時も、小林先生に声をかけていただき、お茶会でおもてなしをさせていただきました。

そのような中で「お茶」というのは、とても汎用性の高い伝統文化であることに気がつきました。

三内丸山遺跡で行なわれた「縄文人のお茶会」（撮影：筆者）

ある時、当時ベネチア市長であったマッシモ・カッチャーリ氏が来日されました。彼はヨーロッパで有名な哲学者でもあります。彼が書いた哲学書を、太田さんに渡して一緒にお茶会の企画を考えてもらいました。

それがたいへんに面白かったというので、そこから展開して、建築家の安藤忠雄《あんどうただお》さんのベニアの茶室で茶会をしようということになりました。実はその茶室はその時点で十数年前に建てられたにもかかわらず、一度もお茶を点てたことはないという話でした。そういうわけで、今度は安藤さんの設計図を太田さんに渡して企画を一緒に考えました。その時の構想は、ベニアの茶室が文字通りベニアであり、道具を取り合わせて空間を作るよりは、人を取り合わせて「場」

を作ったほうがよいのではないか、という考え方でした。そして、室町時代から四〇〇年以上続く京釜師の一六世大西清右衛門《おおにしせいうえもん》さん、茶事料理の専門である柿傳《かきでん》の木村芳昌さんらにお声がけし、彼らにも安藤さんの設計図を渡し、それぞれ道具や料理を考えていただくことにしました。

それが大成功だったこともあり、そこからまた話が展開して、現代アートで有名な岡山県の直島《なおしま》で、島全体を茶室に見立てての茶会も数度行ないました。一つの茶会の場が、次の茶会の場を生んでいく。そして人がまた人を連ねていく。そんな経験をさせていただきました。

同じご縁で、ファッションデザイナー、ミラノのミウッチャ・プラダさんの邸宅でお茶会をさせていただいたこともあります。

この年は、日本美術院を創設したことで有名な岡倉天心《おかくらてんしん》が『茶の本』を出版して一〇〇年という節目の年でした。天心が英文で書いた『The Book of Tea』は、ニューヨークの出版社で刊行され、世界中で翻訳されました。この本は『茶の本』というタイトルながら茶道のみならず広く日本の美意識や文化が論じられており、日本では天心の没後に弟子が翻訳をして出版されました。『The Book of Tea』のおかげで日本文化が残ったという議論もあるくらい、この本の海外の評価は高く、ミラノで大学の先生方が『The Book of Tea』のシンポジウムを開く際に、現地でお茶会をすることになりました。その時、天心のスポンサーに思いを馳せて、プラダさんのご自宅で、お茶会をさせていただいたのです。プラダさんも、とても喜んでくださいました。

また、ある時はパリの骨董市やマルシェで購入した食器や食材だけで「見立て」を行ない現地で茶会を開催しました。この時の画像をお見せしながら京都の伝統工芸を普及する方々の前でお話しさせていただいたことがあるのですが、「本物を持っていくべきだ」と言われてしまったことがありました。そのような選択が必要なこともありますが、私はパリの方々が「見立て」という日本の素晴らしい文化と哲学を、心から理解してくださったことも知っています。どこでも茶室になるし、どんなものでも茶道具になる可能性があります。しかしながら、いつでも、誰に対しても有効というわけではありません。同時に、いつでも、誰に対しても、伝来の名品でもてなしをすればよいというわけでもありません。当時、小林先生が連れて来られる特別なお客さまや催しに対して、私なりに企画を考え、趣向を練るなど、いろいろな「あそび」をちりばめたおもてなしができたことは、その後の活動に大きく役立っていることは間違いありません。

第三章　伝統文化をプロデュースする

伝統文化プロデュースとは

「伝統文化プロデュース」は私の造語です。活動としては言葉を作る以前から行なっていましたが、志を共にする仲間と一緒に団体名をつけようということで、自分たちの行なっている活動をあらわす名称を考えたのです。それがこの言葉でした。

平成一五年（二〇〇三）にこの言葉を使い始めた時、伝統文化に携わる方々から「伝統文化はプロデュースするものではない」と言われたことがありました。「伝統文化とは、誰かが手を加えるようなものではない」という意図をもっての発言ですが、その後、伝統文化が置かれている状況はますます「誰か」が手をさしのべないといけない状況になっていきました。この十数年の変化の速さには驚くばかりです。

「伝統文化プロデュース」の内容や手法はさまざまですが、キーワードは「再興」ではないかと考えてきました。

「再興」とは、その場所の歴史を掘り起こし、目の前に再びよみがえらせることです。

そのために、企画を練り、資金を調達し、必要な人員として演者やスタッフ等のすべてを手配します。簡単に言えば、これが「伝統文化プロデュース」の仕事です。

この章ではいくつかの事例をご紹介しますが、「再興」だけではなく「創造」だったり、伝統文化を継承する方の相談に乗る形で構想を練ることや、伝統文化の普及や継承の妨げになっている問題を見出して解決法を提案したり、そのために人と人をつなぐコーディネイトをしたり、と多岐にわたっています。それらも考える手順は同じです。その場所の歴史は何か、その文化はどのような来歴を辿ってきたのか。すべてを掘り起こし、現実的な課題があればその要点を見出し解決するため「再興」の形を模索する。目的は、未来によりよい形でつなげていくことです。

いま、「伝統文化プロデュース人材」の育成が急務と感じています。コロナ禍において、伝統文化に横たわる課題が浮き彫りになったわけですが、たとえば行政が文化に対してさまざまな支援をしようにも、どこにどのような形で支援をしたらよいのか分からない、といった現状もあらわになりました。

かつては伝統文化に深い理解を示し、「間をつなぐ人」がそこかしこにいたのだと思います。伝統芸能を習得している人、職人さんの技を理解して注文する人、伝統文化の継承に関する課題に気がつきお節介にも解決しようと奔走する人。それが仕事になっていようがいまいが、そのように「間」に立つ人がいたのだろうということを感じます。

伝統文化が暮らしの中から疎遠になり、町家や和室が消えることによって伝統や歴史を感じる「きっかけ」を失いがちな現在。一方で、先行きの見えにくい時代にあって、何か「根っこ」を探している人も多いいま、「伝統文化プロデュース」の手法によって、伝統文化を再び暮らしの中によみがえらせることができればと考えます。

このあとの事例から、ご自身の近くでも同じようなことができないだろうかと、想像を巡らせていただくことができましたら幸いです。

建物の声を聞く　江戸時代の学問所の再興

先述しましたが、私は現在、儒者として知られる皆川淇園の学問所だった弘道館の再興活動をしています。

再興のために講座やイベントの開催などさまざまな活動を行なっているのですが、その第一のミッションは、建物の保全です。弘道館は京都御所のすぐ西隣に位置します。もともとの建物は、元治《げんじ》元年（一八六四）の蛤御門の変の時に、この辺一帯が火事に遭い焼失しています。そのため、当時のものが残されているとしても土間の一部だけとされており、大部分は明治時代に再建され大正時代にかけて増築されたものです。淇園の時代の建物は、江戸時代のベストセラーでもある人名録『平安人物志《へいあんじんぶつし》』に「中立売室町西《なかだちうり》」とあり、現在の位置に一致します。いまの敷地内のもう少し北側にあり、建物も講堂のような姿だったとされており、今後の調査でさらに明らかにしていきたいと思います。

　私は大学時代に美学美術史学を専攻していたので、皆川淇園の名前は、江戸中期に活躍した文人画家の一人として知っていたものの、聞いたことがあるという程度でした。一方で、この弘道館を学問所として再興するにあたり、各大学の研究者に「皆川淇園に興味がある人はいませんか？」とお声をかけたところ、驚いたことに、予想外の分野の先生方が皆川淇園に関心を持っておられることが分かったのです。

　淇園なんてきっと知らないだろうと失礼なことを思いながら、フランス哲学を研究している先生に、「いま、皆川淇園の学問所を抱えて、再建をどうしようかと思っていて」と何気なく話したところ、「僕も皆川淇園は、ずっと気になっていたんです」と返されるなど、日本美術や歴史ではない分野の研究者たちの頭の中に、淇園の名が引っかかっていることを知りました。

　もちろん学者の先生方は、それぞれご自身の研究分野を持っていてお忙しいですし、一方で淇園についてのまとまった研究書があるわけでもありません。ですから、淇園について知りたいと思っても調べることもままならないのですが、多くの先生方がキーワードとして、淇園やその時代が気になっていたというのです。

私は正直、「えらいものに出会ってしまった」と思いました。しかしここが皆川淇園の面白いところでもあります。一般には名がほとんど知られていない人物ですが、多分野にわたる専門家に関心をもたれているという事実。その理由は、淇園が多方面に才能があふれていたからに他なりません。一つの分野だけではなく、多くの分野にわたっているからこそ、現代においては、その業績や人物についての全貌を容易に知ることができないのです。つまり研究されにくく、またとかく肩書きや分野に分けて考えがちな現代人には理解しにくい存在なのかもしれません。

しかしながら、江戸時代には全国にその名がとどろき、門弟三〇〇〇人を擁する、超のつく有名人だったことは間違いありません。同時代に淇園と親交のあった著名な文化人に円山応挙《まるやまおうきょ》や与謝蕪村《よさぶそん》がいます。彼らの名前は現在とてもよく知られています。

淇園は儒者であり、画家でもあり、書もよくしました。『老子《ろうし》』『論語《ろんご》』などの註釈書を記し、「開物学《かいぶつがく》」という難解な言語哲学を創始、また、山水画の腕は円山応挙にも劣らずという評価を受けるほど卓越していました。さらにはかの有名な「漢委奴国王《かんのわのなのこくおう》」の金印を鑑定した一人でもあり、博物学者としても名を馳せ、科学者でもあるというマルチな才能を発揮した人だったのです。

　淇園は、東山のいまの円山公園のあたりで、若手の絵師である長澤《ながさわ》芦雪《ろせつ》の才能を見出して売り出したことでも知られています。芦雪が描いた絵に、すでに有名だった淇園が讃《さん》（絵に添えて書く文や詩）を書くと、飛ぶように売れたといいます。そのような、ライブペインティングや展示即売をする「新書画展観」をたびたび主催しました。アート作品の展示即売会の先駆けと言われています。このように淇園は若い才能を売り出すプロデューサーのような役割もしていたのです。

円山応挙・応門十哲のひとり渡辺南岳が描いた皆川淇園（「明経先生像」東京国立博物館所蔵・Image:TNM Image Archives）

　いま一つ、淇園の存在が忘れられた理由として、近代以前と以後とでは、学問や芸術に対する考え方が一変してしまったということもありそうです。先日、京都嵐山にある福田美術館の岡田《おかだ》秀之《ひでゆき》さんと「応挙と淇園」について座談させていただく機会がありました。その際、岡田さんは、淇園のような才能あふれる存在が忘れられている理由として、漢詩が切り捨てられていったこととも関係があるのではとおっしゃっており、なるほどと思いました。

私は、さまざまな分野の学者さんに呼びかけて、まずは「淇園連舎《きえんれんしゃ》」という淇園に関する勉強会を起ち上げました。発起人となってくださったのは、京都大学名誉教授の松田《まつだ》清《きよし》先生です。松田先生を紹介してくださったのは、国立科学博物館の鈴木一義《すずきかずよし》さんでした。鈴木さんは江戸時代の「人魚の骨」の調査をされていて、淇園みたいな方だなあと思い、相談に乗っていただいたのがはじまりです。松田先生は洋学史がご専門で、皆川淇園の弘道館の設立に尽力した平戸《ひらど》藩主の松浦静山《まつらせいざん》の研究もされていました。先生の呼びかけで、関心のあるメンバーが集まって研究をしてみようということになったのです。月に一度の勉強会からはじまり、のちに、淇園の残した文献の読書会もスタートさせました。

その活動の発展形として、松田先生が代表世話人となり、宇宙科学者や、国文学研究資料館の元館長で淇園の書画会についての研究もされているロバート・キャンベル氏など、多方面で活躍する方々を発起人として、「近世京都学会」が起ち上がりました。

さらに、弘道館を淇園の弘道館としてよみがえらせるために、館の正式名を「有斐斎弘道館」としました。

弘道館というと、一般には水戸の弘道館が想起され、藩校のイメージを持つ人も多いのです。弘道館とは「道を広める館」という意味で、官立、私立を問わず、実は全国にいくつも存在していました。その中でも水戸の弘道館は、徳川御三家の一つ、水戸藩第九代藩主である徳川斉昭《とくがわなりあき》が開設したこともあり群を抜いて有名です。対して、こちらは私塾の弘道館なので、淇園の弘道館という意味を込めて、淇園の号（別名）の一つ「有斐斎」を冠につけました。

皆川淇園の弘道館があったことを示す石標（撮影：筆者）

そうしているうちに、皆川淇園についての問い合わせが増えていきました。「淇園の作品が家にあるので見て欲しい」「淇園が自分の住まいする地域に来ているかどうか知りたい」等々。ある時、淇園の屏風を所持している方から連絡があり、和歌山県まで見に行かせていただいたことがあります。何でも、先祖が大阪で火事に遭った時にもその屏風を背負って逃げたとか。しかし六曲《ろっきょく》一双《いっそう》の大きな屏風をこれ以上維持することもできないとのことで、是非とも預かって欲しいとおっしゃるのです。専門家の先生に作品の写真を見ていただいたところ本物だろうということで拝見しに伺ったのですが、その後、その作品は「よくできた贋作《がんさく》」ということが判明しました。しかしながら、写したものであればその元の作品があるはずですが、それは現在のところ見つかっておらず、その意味で淇園の作品を知る上でも貴重です。そして何より、所持されていた代々の方の思いの深さに心を動かされ、作品をお預かりすることになりました。

また、京都の島原で古く本願寺《ほんがんじ》御用達のお菓子「松風《まつかぜ》」を作ってこられた「音羽屋《おとわや》」という菓子司があり、そこの看板は淇園が書いた書をもとに彫られたものでした。その音羽屋さんがついに店を閉められることになった時、私たちの活動を新聞で目にして、是非とも看板を預かってほしいと連絡をいただきました。いま、その看板は弘道館の北庭の井戸の上に掲げています。

こうして、皆川淇園の足跡がそこかしこにあること、淇園について知りたいという方がたくさんおられることを知りました。場所があること、またそのことを知らせることで、救われる物や人の思いがあるのです。

弘道館の復興の理由には、ここを、いまの時代に本当に必要とされる学びの場にしたい、という想いがありました。歴史的にも弘道館は「学問所」だったので、それが再興の「あるべき姿」だと思うからです。

現在の日本では、学問を学ぶ場所といえば、小中高大学などがありますが、私は自ら大学院まで行ってみて、研究も教育もいまあるシステムが最善とはいえないと感じています。自分の専門分野が日本の歴史や伝統に関することなので、その教育的効果を鑑みて、小学生のうちから、伝統文化を日本の教育プログラムに取り入れてはどうかと考えてみても、なかなか実現できることではありません。日本の教育システムや学校で教える内容を変えていくには、何十年もかかります。

しかし、一方で伝統文化は刻一刻と失われていっています。それに伴い、日本のアイデンティティや国力も衰えていくように思えてなりません。ですから、いまある教育システムに頼っていても仕方がない、自分がまず動いて、学びの場を作っていこうと考えたのです。

それに、「学び」の内容も、一つのジャンルだけではなく、淇園が好奇心旺盛に取り組んでいたように多岐にわたるようにすれば、より刺激的で躍動感あふれる学びが可能になります。こういったジャンル横断型の学び、そしてそこから得られる「知」は、教える側にとっても学ぶ側にとっても大きなエネルギーをもたらすはずです。

とにかく、学ぶ人が面白いと思うものは、どんなに小さなかけらであっても面白いのであって、ジャンルや研究の方法論もどんどん開発していけばよいのです。

弘道館という学びの場を復興させるということは、「学びとは、何だろう」ということを根本から考え伝えていくことでもあると思っています。

そこで弘道館を、現代に必要な学びの館として、淇園の精神を掘り起こし、受け継ぎながら、淇園が実際に行なっていたことに限らず、いまできることを、とにかくやっていこうと考えています。

さて、弘道館の建物の一時保存を達成した後、すぐに庭の整備に入らねばならなかったわけですが、あまりにも荒れていたので庭師さんに入っていただきました。ところが、プロにとっても手ごわい状態で一週間経っても収拾がつかず、金銭的な理由もあって、最終的には自分たちでやることにしました。

これは大変な作業となりましたが、手を動かし汗をかき土にまみれながらの作業を経験することで、庭に対する見方が、がらりと変わりました。

それまでは、庭掃除はめんどうな仕事、やらねばならない作業という認識でしたが、草を抜きながら、「雑草にも命がある。この命を絶って人は美を作ってきたんだな」などと、自然と人との関わり合いの歴史文化に思いを馳せ、その文化の一脈に、及ばずながら自身もいるのだと思うようになりました。そして、庭仕事の中で、自らとの対話ができるようになっていったのです。寺院などの庭を見る目も変わりました。美しく整えられた庭の背後にある人々の努力と心遣いを思うと、これまでと全く違った感覚で、より鮮明に庭の姿を感じられるようになったのです。

ビジネスの世界でも、よく「掃除が一番、自分磨きになる」といわれ、本田宗一郎《ほんだそういちろう》や松下幸之助《まつしたこうのすけ》といった名経営者も掃除や整理を大事にしたといいます。

その後、多くの人に弘道館の庭仕事を手伝っていただいていますが、一度庭仕事に関わると、みなさん、表情がそれまで以上に明るくなります。庭には何やら不思議な力がありそうです。しかも、自分の家の庭ではなく、人の庭であることも大きいと思います。自分が手入れをした庭で、知らない誰かが茶会を催すかもしれない。自身が手入れをしたことで、この場所が本当に保存を達成して、未来に残されることになるかもしれない。そんな喜びを感じていただいているようです。この弘道館の庭で、庭仕事の輪を広げていくことは、大きな意味があると思っています。

コロナ禍により、仕事も大学もリモートになり、対面で集まることが極端に減ってしまいましたが、学びにおいては、リアルな場所というものが、つくづく大事だと改めて感じています。これまで、弘道館は、多くの方々に交流の場を提供してきました。弘道館に限らず、それがどんな場所であっても、人が集い続けることによって、その場所をめぐる「気」のようなものが生まれるのではないかと思います。

学術会議やビジネス会議などで利用された方の中の多くは、「自分も含めて参加者の発言が普段と全然違って冴えている」とおっしゃいます。

それは、弘道館の、建物や庭の影響も大きいでしょう。庭を眺める度に、参加者たちの気持ちが開かれて、床の間と対話することでクリエイティブな視野がパッと広がったりするのだと思います。また、普段は考えることの少ない体感を伴った歴史軸が加わることで、思ってもみなかったようなアイデアが生まれることもありそうです。そうした伝統的な空間の持つ力を実感していただくことも、弘道館の重要な役割だと考えています。

文化財の価値をひらく　二条城「寛永行幸」の再現

平成二八年（二〇一六）一〇月、東京オリンピック・パラリンピック二〇二〇の最初の文化イベントである「スポーツ・文化・ワールド・フォーラム」が京都で開催された時、それにあわせて二条城《にじょうじょう》の国宝・二の丸御殿で、江戸初期の後水尾《ごみずのお》天皇の二条城への行幸《ぎょうこう》をコンセプトとしたおもてなしイベントに参画しました。

二条城といえば、多くの人々にとっては、修学旅行の思い出の一端に、忘れられたように存在しているだけではないでしょうか。あの長くて暗い廊下の先にたくさんの人形がいる場所。そのように思いあたった方は、正解です。たくさんの人形とは、大政奉還をイメージして並べられた幕末の武士たちです。この書院造の二の丸御殿は国宝で、障壁画は重要文化財、人形は有職人形の伊東久重氏が作られたものなのです。ちなみに、大広間に諸大名を集めて将軍が大政奉還を表明したというのは歴史的には誤りで、あくまでイメージとして表現していることになります。

この二条城が、もともと何のために建てられたのかについて、京都の人でも知らない人は意外に多いのです。

二条城とは、徳川家康《とくがわいえやす》が慶長《けいちょう》八年（一六〇三）に、京都の警備や上洛の際の宿所として築城したものです。その後、二代秀忠《ひでただ》、三代家光《いえみつ》が後水尾天皇をお迎えするために大幅に増改築をしたのがいまの姿です。いわば、迎賓館のようなものです。

ただし、迎賓館といっても、天皇をお迎えするためのもの。そのための増改築は二年もかかりました。将軍といえども天皇を自邸にお迎えした人は、明治以前にはわずかであり、そしてその時の建物が、いま見ることのできる二条城というわけです。

江戸時代の天守が焼失しているためでしょうか、いまではお城としてはあまり認識されていない二条城ですが、四〇〇年前には空前絶後の超絶豪華な催しが行なわれた場所だったのです。何しろ天皇をお迎えするのですから。

さて、平成二八年の二条城での一夜限りのイベントは、四年後のオリンピックのスタートを飾るものとして、各国の政府関係者と、市民一〇〇〇人を招待するというものでした。私は、総合プロデューサーとして参画させていただきました。

国宝二の丸御殿の正門である唐門前で、庭燎《ていりょう》（かがり火）を焚き、馬をつなぎ、寛永《かんえい》行幸時にも行なわれた蹴鞠《けまり》の実演を行ないました。また、寛永時代の文化にちなむ四代池《いけの》坊専好《ぼうせんこう》氏による立花や、四〇〇年前も天皇と将軍がご覧になった能楽の実演などのプログ

国宝・二の丸御殿前の唐門前にかがり火を焚き、馬をつないで、各国の要人を迎えた（撮影：大道雪代）

ラムも行ないました。

近年、社寺などでの文化財を舞台としたイベントが多数行なわれています。二条城でも、一五年ほど前から重要文化財の台所を会場とした展覧会や、庭を使ってのレセプションなどが行なわれてきました。しかし国宝の二の丸御殿を使うのは、前代未聞です。昭和二四年（一九四九）の法隆寺《ほうりゅうじ》金堂《こんどう》焼失以後、保護のために文化財の使用は控えられてきたという経緯があります。

一方で、近年、文化財を未来へと残していくために、文化財を使う「保存から活用へ」という転換がはかられてきています。それは、有形・無形の文化財を経済的な資産として捉えるという考え方であり、それに基づく新たな文化財政策が次々と打ち出されています。とはいえ、現実的に国宝御殿の中で催しをするというのは大きなリスクを伴うものでもあり、物を一つ置くにも許可が必要という状態ですから、実際の現場は一筋縄ではいきません。

たとえば、御殿の中を生きた空間にするために、当時修復したばかりだった白書院《しろしょいん》の床の間に、お軸を掛けることを提案しました。

ところが、床の間の壁は文化財として保護をしないといけないので、「床の間に物を掛けるとは何事か」「床の間の壁に軸が当たったらどうするのだ」という冗談のような話になるわけです。もちろん、長年にわたり残されてきた文化財は貴重ですから、もっともなお話なのですが、床の間には床飾りがあることこそ本来の状態であって、飾ることのできない床の間は、床の間という歴史的な建物の構造を見せているにすぎません。床の間にお軸を掛けて花を生けるなどを行なうことで初めて、床の間の文化性を伝えることができるのではないでしょうか。

生きて使われている空間は、魅力的です。伝統文化が干からびた化石のようなイメージを持たれている理由の一端は、ひょっとしたらこのような長年にわたる文化財政策にも一因があるのではないかと思われます。

他にも、「文化財を守る」という名目の下、かえって文化財の価値を下げてしまっている事例がたくさんあります。第一章の敷居の話でも触れた看板や、立ち入り禁止の柵があちこちに張り巡らされていたり、照明器具のための配線が丸見えだったり、床を養生するためのマットが無方向に置かれている事例など、「美」を損なうものがあまりにも多いと感じます。これは本当の意味で文化財を守り伝えることになっていないのではないでしょうか。

この時は各国の要人に二の丸御殿の本物の姿を見てもらいたく「柵を退けてほしい」とお願いをしてみたのですが、「誰か部外者が入ったら困るので退けられません」「いえ、今回は要人は室内に入ることに同意されているので、柵を退けましょう」「でも、いろいろな人が入ってきたらどうするんですか?」「いろいろな人を入れなければいいでしょう」「見張りはできません」と、押し問答でした。

とにかく、各所でこのようなやりとりがあったのですが、当日は何とかイベントを成功させることができました。後日、京都のある寺院のお坊さまから「二条城ってこんなにカッコよかったんだ」と言われたことがとても嬉しかったです。京都に長く住まわれている方の二条城に対するイメージを一変させたのですから。また、金融アナリストの経歴を持つイギリス人、デービッド・アトキンソンさんからは「京都市もやればできるじゃないで

国宝・二の丸御殿内での「寛永茶会」。後水尾天皇や小堀遠州らによる寛永文化サロンをイメージした（提供：Living History in 京都・二条城協議会）

すか」と言われました。アトキンソンさんは『国宝消滅』（東洋経済新報社）という本で、国際的な観光地としての二条城をこっぴどく批判しておられます。もちろん文化財への愛ある批判なわけで、彼は二〇一六年に元離宮二条城事務所特別顧問となり、「二条城の価値を活かし未来を創造する会」でご一緒させていただくことにもなります。

この二条城のプログラムには続きがあります。平成三一年（二〇一九）に文化庁は「Living History（生きた歴史体感プログラム）」促進事業をスタートさせます。ワールドフォーラムの事業を成功させたこともあり、私は、Living History in 京都・二条城の協議会会長として、二条城における歴史上の三つの画期を取り上げ、再現するプログラムの開発に取り組んでいます。

一つ目は寛永行幸、二つ目は大政奉還、三つ目は大正天皇の御大礼《ごたいれい》の饗宴です。いずれも、公家と武家の関係が重要なテーマになるため、それぞれを象徴する御紋「菊と葵」を象徴的にあしらい、理解を促す工夫をしています。

令和元年（二〇一九）には寛永行幸にちなむ「寛永茶会」を国宝・二の丸御殿の黒書院で開催し、その際、武家文化の象徴として、幕府の弓馬術礼法《きゅうばじゅつれいほう》だった弓馬術礼法小笠原流の三一世宗家の小笠原清忠《おがさわらきよただ》さんの協力により、城内で弓馬術礼法の実演をしていただきました。京都において江戸時代の武家文化を理解できる場が少ないこともあり、今後、継続的に開催できればと考えています。

Living History促進事業は、文化財の本質的な価値を知ってもらうことによって、ゆくゆくはその資金をもって文化財修復などにも回していくことができればという考え方のもとに進められています。とはいえ、現場はやはり一筋縄にはいきません。たとえば、国宝御殿ゆえに飾る調度品は限りなく上質でありたいものです。ましてや二条城は、将軍が天皇をもてなした最上の空間です。道具だけ安価な物を用いるわけにはいきません。ところが、そのような高価な物を一点でも購入しようものなら、それだけでかなりの入場者数の確保、もしくは参加料をいただかねばなりません。しかも、その物品を保管するための温度湿度管理がなされた倉庫を作るとなれば、費用はどこから捻出すればよいのでしょうか。昔ながらの蔵でよいではないかという意見もあるかもしれません。ですが、その蔵も現在の二条城では不足しています。

文化を守り伝えるためには、まずその文化の価値を私たち自身がよく知る必要があるということを、つくづく思い知らされます。国や行政に任せっぱなしにするのではなく、自分たちで守り伝えるのだという意識を持つことが必要だと思います。とりわけ京都はこれまで、そのようにして文化を発展させ、つないできました。一方で、民間の力だけでは持ち堪えられない現実もあります。税制の問題や、世界経済の影響、感染症の流行もその一つです。その時は、国や行政による大きな視野での措置が講じられる必要があります。

「文道」をつなぐ　北野天満宮「曲水の宴」

次に、神社での行事の再興の事例をご紹介しましょう。

平成二八年（二〇一六）、京都の北野天満宮にて「曲水《きよくすい》の宴」を千百余年ぶりに再興するにあたり、実行委員長として参画させていただきました。

北野天満宮は、天暦《てんりゃく》元年（九四七）に創建され、菅原道真公（菅公）を御祭神としてお祀りしています。全国にある約一万二〇〇〇社の天神社・天満宮の総本社です。

菅原道真公は、現在は学問の神様として知られていますが、平安時代に学者・政治家として活躍した実在の人物です。その高い文才を評価されて、何度も宇多《うだ》天皇主催の曲水の宴に文人として招かれています。その時に菅公が作られた詩文のいくつかは、道真編纂の漢詩文集である『菅家文草《かんけぶんそう》』に見ることができます。

「曲水の宴」とは、古代中国が起源といわれている宴で、奈良時代に日本に入ってきて、平安時代の貴族たちが好んで行なっていたものです。庭園に作られた曲水（うねり曲がって流れる小川）に沿って参加者が座り、上流から流れる盃が自分の前を通るたびに酒をいただき、詩を作ります。

現在、各地で行なわれている「曲水の宴」は、平安装束姿の女性が和歌を詠むものが多いのですが、本来、「曲水の宴」は男性が漢詩を作るものでした。北野天満宮で「曲水の宴」が行なわれていたことが書かれている史料こそ残されてはいませんが、菅公は曲水の宴には何度も参加しています。そこで、漢詩による曲水の宴を復興させることを第一のコンセプトに掲げることを考えました。そこで悩んだのが、和歌も詠むのかどうかです。史実は漢詩です。一方で、現在の曲水の宴は和歌のイメージが強い。和歌を詠む女性がいたほうが行事としては華やかになるのではないかとも考えられます。

そこでもう一度、天満宮で再興する意義に立ち戻って考えてみましたところ、「和魂漢才《わこんかんさい》」（中国の学問を学びつつ、それを日本の精神に取り込んで消化すること）という概念が浮かび上がってきたのです。この概念は、後世に菅公の言葉として表現されたものですが、古いものと新しいものの両方を大切にするという考え方でもあり、日本の文化の発展のすがたをよくあらわしています。また現代においてまさに見直すべき極めて重要なメッセージでもあると考えました。しかも、漢詩と和歌の両方を並列させて、「どちらも」作ることは、菅公の功績を顕彰することにもつながります。こうして、北野天満宮で行われる曲水の宴は、漢詩と和歌の両方によるものとして再興する運びとなったのです。

また、宇多天皇の御代に曲水の宴が催された折に菅公が作られた漢詩の一部を、朗詠《ろうえい》（名句を吟唱すること）として復興させることも同時に行ないました。

この企画は、勅祭《ちょくさい》（天皇から使者が派遣されて行なわれる祭祀）であった「北野祭」として神仏習合の「北野御霊会《きたのごりょうえ》」を再興させるなど、数々の歴史的な行事を復興されている北野天満宮の橘重十九《たちばなしげとく》宮司のお手伝いをさせていただく形での参画でした。私は北野天満

その前後には、さまざまな芸能が楽しまれていました。この漢詩は、必ずしも即興で作るわけではなかったようです。「お酒を飲んでいたので用意ができず、翌日提出した」という記録もあるほどです。

このように「曲水の宴」は、漢詩、お酒、芸能を楽しむという、その三つの要素が大切です。しかし、行事として、一般の人も楽しめるようにするには、どうすればいいのでしょうか……。それはやはり、「参加」してもらうのが一番です。

先に、漢詩と和歌による曲水の宴にするというコンセプトについて説明しました。

私が学生だった時代は、漢詩の授業がたっぷりとあり、大学受験でも漢詩が出題されていました。しかし、文系の学生でもいまや漢文にほとんど触れない方もいて、日本人が漢詩に接する機会はますます減っています。あの独特のリズム感は純粋に素敵だと思いますし、何より漢詩を学ぶことによって、日本の言葉や文化が大陸から渡ってきたものをベースにしてオリジナルに発展させてきたという豊かな歴史を、実感をもって理解することができます。「曲水の宴」から漢詩は絶対に外してはいけないと考える所以《ゆえん》です。そこで、「和漢朗詠・菅公顕彰《けんしょう》」という冠をつけての開催に至ったのです。

こだわったのは、特定の人ではなく、漢詩や和歌を作ったことのない人に装束をつけて参加してもらうことです。ほかの「曲水の宴」を開催している神社では、おもに平安時代から続く和歌の家である冷泉家の門人《もんじん》歌人が派遣されて和歌を詠むことが多いようです。それは和歌文化の継承としてあるべき姿だと考えます。それならば天満宮では別の役割として、和歌や漢詩をより多くの人に作ってもらうという、いわば門戸を広げていくことはできないだろうかと考えました。たとえば京都の若手の文化人や経営者が初めて漢詩や和歌を作る経験をしてもらうのはどうかと考え、漢詩を作る「詩人」と和歌を詠む「歌人」を毎年選定することにしたのです。

詩人と歌人を選定してご本人たちに打診をし、許諾をいただけたら、事前に漢詩や和歌の準備をしてもらいます。和歌は添削しますし、趣向を伝えていただいて、こちらでいくつかの案を出すこともあります。和歌なら、「五・七・五・七・七のうちの、五だけでもよいので、何か言葉をください」と伝えます。そうすると、不思議と言葉がいろいろと出てくるものです。そして、一つの歌の形になってくると、「この言葉はどうかしら」「もう少しこういった雰囲気にしたい」というような要望が出てきます。そうして、添削をしてフィードバックをしてという作業を繰り返すうちに、一つの作品ができあがります。自分の思いを託した歌ですから、紛れもなくその人ご自身の歌です。この、「歌を詠む醍醐味」

を味わってもらうことで、彼らが古典の魅力に気づき、またそのような経験を広めていってもらうことができればと考えています。

ちなみに「曲水の宴」を催すための費用についてお話しすると、装束をつけて、メイクをして、他にもチラシを作って……と、かなりの金額がかかります。とはいえ、入場料を五〇〇〇円に設定してしまうと、現実問題として一般の人はなかなか来なくなってしまいます。結果、神社の行事ということもあり、現状では一五〇〇円程度が限界ではないかという話になります。とはいえ、それでは行事を続けていくことはできません。一体どのようにすればよいのか、読者の方々ともご一緒に考えたい課題だと思っております。

いずれにしましても、歴代の詠者（詩人・歌人）を担っていただいた文化人の方々は、このちも将来の日本の文化を牽引されていくことでしょう。菅公は平安時代の学者から「文道の太祖、風月の本主」（学問・文学の祖であり、漢詩・和歌に長じた人）と称えられていました。歴史を振り返ってみても、「言霊の幸《さき》わう国」といわれるように、天皇が和歌を詠み、人々もまた口ずさみ、文人が漢詩を作ってきました。国の礎《いしずえ》は、まぎれもなく言葉であり、言葉を大切にし、歴史から学ぶことで、未来の日本が創られていくものと信じています。

史料から興す　下鴨神社「糺勧進能」

現在は行なわれていない歴史的な行事を再興するには、史料が欠かせません。そしてその史料をどのように読み取り、解釈し、現代において意味ある形にするにはどのようにすればよいのかが重要です。ここでは、史料からの再興例を紹介いたします。

いまから約五五〇年前に賀茂御祖神社（下鴨神社）に近い「糺河原」にて、将軍足利義政公の前で行なわれた「糺河原勧進猿楽《ただすがわらかんじんさるがく》」を再興する「糺勧進能」が、平成二七年（二〇一五）に行なわれました。

その二年前、平成二五年（二〇一三）は、能楽を大成させた観阿弥《かんあみ》の生誕六八〇年、世阿弥《ぜあみ》の生誕六五〇年の年でした。国を挙げてのお祭りになってもいいくらいの年だったのですが、残念ながら知らない人も多かったと思います。これは能楽に限ったことではなく、たとえば源氏物語千年紀（二〇〇八年）や琳派四〇〇年（二〇一五年）などは、私のような日本文化に関心のある者にとってはたいへんワクワクするのですが、一般には関心が薄く、残念に感じていました。

この、生誕何年、没後何年といった記念の催しは、広告的な意味合いを強く感じられるかもしれませんが、歴史的に、こうした催しがあったからこそ現代に伝えられているという例も珍しくありません。たとえば、利休が亡くなって一〇〇年目。いまでは考えられないかもしれませんが、茶の湯は当時大きな危機感の中にありました。そこで百回忌。ちょうど上方の町人文化が発展した元禄《げんろく》年間にあたり、この時京都に利休堂が建てられ、利休のことばが記された『南方録《なんぽうろく》』が「発見」（現在では、発見者とされる福岡県の藩士・立花実山《じつざん》による創作とされています）されるなど、利休が「茶聖」として認識される契機にもなりました。

宗教や伝統芸能の世界ではこうした故人をしのぶ法要や公演は珍しくありませんが、『源氏物語』など、文化史上功績のある事柄を顕彰するのも、文化をつなぐ上で意味のあることと考えます。

観阿弥生誕六八〇年、世阿弥生誕六五〇年については、能楽公演が開かれる時には、生誕何年といった文字がチラシに載せられたりするなど、それなりに盛り上がりを見せていました。その観阿弥・世阿弥の流れを汲む二六世の観世御宗家《かんぜごそうけ》が、世阿弥自筆の文書や将軍から賜った装束などを、東京の松屋銀座で展示し、京都では相国寺の承天閣《じょうてんかく》美術館で公開されました。相国寺は、足利義満の花の御所の隣に建てられ、かつては一〇〇メートル以上もある日本一の高さを誇る七重大塔があったことでも有名な禅寺です。足利義満は一七歳の時、奈良から出てきた一二歳の世阿弥を見出し彼らの芸に評価を与えました。これを契機にいまの能楽の形態へとつながる猿楽の芸が洗練され進化していきました。

ちょうどその平成二五年（二〇一三）頃、私は、奈良の談山《たんざん》神社に残されている「摩多《また》羅神面《らじんめん》」という、能楽の「翁」の源流ともされる面を用いて能を上演するプロジェクトを、能楽小鼓方大倉流一六世宗家の大倉源次郎《おおくらげんじろう》さんと一緒に取り組み始めていました。

こうしたご縁もあって、観世御宗家の取り組みを知り、観阿弥・世阿弥展も拝見したところ、一つの史料に出会ったのです。それが、「紀河原勧進猿楽演能図」（観世宗家蔵）でした。「紀河原」という、いまの賀茂川と高野川が合流している付近で、猿楽の興行が行なわれた時の記録です。

これは能楽研究者の間では有名な図なのですが、私自身は実物を見るのは初めてでした。しかも、展示されていた相国寺の承天閣美術館は、その紀河原から、わずか数百メートルの距離に位置しています。およそ五五〇年前に、本当に「ここ」に舞台が作られ、桟敷が組まれて、将軍夫妻臨席のもと、当時のスター役者である音阿弥《おんあみ》が舞を舞ったのです！一枚の図からその情景が、目の前にわき上がるかのように広がりました。

その演能図では舞台の周りにぐるりと桟敷がめぐらされていて、区画ごとに「細川某」「斯波《しば》某」「赤松某」と、観覧者の名が書かれています。極めつけは、舞台正面にひときわ大きな区画をしめているエリア、もちろん、時の将軍である足利義政と妻の日野富子の御席です。将軍様のいるところから一番近い人が、最も〝覚えめでたい〟人ということがいえるわけですから、この図面から当時の権力構造も読み取れます。応仁・文明の乱の勃発する応仁元年（一四六七）の直前のことですから、もっと注目されてもいい史料ではないかと思います。

この図の中で、何といっても興味深いのは、「橋がかり」の位置です。橋がかりとは、舞台と鏡の間（控えの間）をつなぐ「橋」のことです。ただこれは単なる通路ではなく、たとえば幕の奥を「あの世」、舞台を「現世」と見立てるなど、能の舞台では重要な役割を担う舞台の一部です。そして、いまの能舞台は正面から見て斜め左奥に橋がかりがかけられていますが、この演能図ではそれが真後ろなのです。

専門的なことを言えば、同じ時の演能にも複数の記録があり、この史料に書かれているからといって、本当にその時真後ろに橋がかりがかけられていたのかどうかは分かりません。とはいえ、この図面が残っていること自体が面白いと私には感じられるのです。「これを再興してみたらどうなるだろうか？」と、ワクワクが止まりませんでした。

「糺勧進能」を再興したのは平成二七年（二〇一五）、ちょうど下鴨神社の式年遷宮の年でした。下鴨神社は、二一年ごとに遷宮をされています。下鴨神社は本殿二棟が国宝、楼門など三一棟が国の重要文化財に指定されており、すべてを建て替えることはできませんが、御霊《みたま》を移し、境内外の数ある摂末社《せつまつしゃ》のすべてにおいて、一つひとつ、屋根を吹き替えるなどの造替《ぞうたい》が行なわれました。

下鴨神社の新木直人《あらきなおと》宮司は、歴史文化に詳しく、文化財の保存や文化的な行事の開催について積極的に応援をされています。

たとえば、かつて大きな神社の周りには社家という、神社に仕える神職さんたちが住まわれていました。上賀茂神社の南側には社家の屋敷がたくさん並んでおり、市の伝統的建造物として保存されています。現在は住まいされる方々が神職というわけではないのですが、その景観から、明治以前の祈りのありようを想像することができるのは、たいへん有り難いことだと思います。ところが下鴨神社の社家は、ほとんど壊されてしまい、残っているのはわずか数軒です。そこで、そのうちの一軒を遷宮にあわせて神社が買い取り、資料館として公開する決断をされました。

宮司さまに、「糺勧進能」の提案をしましたところ、「実は以前に流鏑馬《やぶさめ》神事を再興したのだけれども、本当は能も一緒に再興したかった」とお聞きすることができました。その時は費用面のことなどあり断念した経緯があったとのことでした。宮司さまも何十年来の夢に思われていた下鴨神社での能の再興ですから、ぜひこの場所で実現できればと、私自身強く思いました。

社殿を含め文化財や行事を維持するには、当然ながら資金が必要です。ましてや造替などの大きな節目は大変です。氏子、崇敬者の人数や構成も大きく変化し、その資金繰りに苦労している神社さんも多いと聞きます。

「糺河原勧進猿楽」の「勧進《かんじん》」とは、古く社寺を建立したり焼失後に再建したりするための資金を集める手段でした。治承四年（一一八〇）に奈良の東大寺が焼失して大仏殿と大仏を再建するため、寄付を募るための趣意書である「勧進帳」を携えた僧が全国各地を回ったことは有名です。能「安宅《あたか》」やこれを元にした歌舞伎「勧進帳」は、この勧進を背景としたお話です。

勧進は仏縁《ぶつえん》を結ぶ宗教行為としてはじまりましたが、資金集めのために能などの芸能をして観覧料をとる公演が行なわれ、現在の入場料をいただく興行のはじまりといえます。

また、橋や道路などの公共事業も勧進によって進められました。国や行政が担う役割を、当時は寺院もなしていたのです。社寺の役割を考える上で、「勧進」は現代においても示唆を与えてくれるのではないかと考えています。

いま、全国各地で、神社や寺院が無人になり、経営難で土地建物を手放すといったことも起こっています。昨今の日本人は無宗教という方も多いと思います。ただ、歴史を振返ると、特定の神や宗教を信じて実践する信仰スタイルの他に、習慣や文化といった形で暮らしに入り込み、そのような形の信仰が暮らしを支えてきた部分も大きかったのではないかと思います。神社を核とした氏神の祭があることでコミュニティの結束が築かれる。同時に、神様にも仏様にも祈りを捧げる。しかも道路や橋の保全につながるなど、他国の一神教などとは異なる、暮らしを守る祈りのかたちこそ、私たちが独自に作り上げてきた神仏習合の信仰のすがたではないかと思っています。

さて、「糺河原勧進猿楽」を再興するにあたり、最初に、どこで演能ができるのかを検討することになりました。まずは、当時は河原でやったのだから、河原での再興を考えてみました。しかしながら、河川局の許可が容易には下りないことが分かり、この案は早々にあきらめざるを得ませんでした。

次に考えたのは、神社の森である「糺の森」に仮設舞台を建てることです。古く日本の芸能は、仮設の舞台を毎回作って上演するのが常でした。そこで、仮設の舞台制作に取り組んでいる建築家の方に相談したところ、かなりの費用がかかることが分かりました。しかも、屋外ですので客席をどう作るのか、雨が降ったらどうするのか、入場料をいただくために周りをどのように囲むのかなど、課題は山積でした。最初に大きなスポンサーがついていれば話は別ですが、この案も諦めることに。

結局のところ、いま神社にある舞台を使うのが賢明だと判断し、御本殿の門の前に位置している舞殿《ぶでん》に橋がかりをつけて舞台とすることに決定しました。そうしてみると、よいこともありました。ちょうど神様のおられる御本殿から橋がかりが延びてくるような形になり、ここで上演すれば、観客は、神様があたかも御本殿から舞台に降りてこられるかのようにも感じられるのではないかと思い至ったのです。能楽は神事的な側面もあり、そこを強調することは公演の主旨にも合致しており、また演出としてもふさわしいと感じました。このように、史料へのこだわりと実現性との折衝を何度も繰り返しました。

舞台と同時に、演者の相談も進めていました。

能楽には、いくつかの流派があります。観世流は観阿弥・世阿弥を祖としており、件《くだん》の演能図では観世御宗家の直接の祖先である音阿弥という当時の大スターが足利義政公の前で演じたことも分かっています。そこで、観世御宗家に出演のお願いをいたしましたところ、ご賛同をいただくことができ、実現の運びとなったのです。

伝統文化の再興や学びの場を盛り上げるにあたって、どの芸能を選んで、何流の誰にお願いをするのか、最初に誰にお願いするのかという手順は、とても大事なことです。私は、プロジェクトごとの意義を前提として、その時々に最適な人を選ぶというスタンスを守っています。

再興のイベントやプロジェクトでは、主旨を理解して賛同する方々とタッグを組んで、継続的に信頼関係を構築していくことが重要です。しかし、伝統文化の世界では、それぞれが縄張りのような意識を持っていることも多く、あちらを立てればこちらが立たず、こちらを立てればあちらが立たずといったことも少なくありません。伝統文化や伝統芸能の世界で、本家や分家、本元など、義理を立てたり話の筋を通すことは、本当に大変なことだと日々感じています。

今回のプロジェクトでも実現までは相当な道のりがありました。ですが、流鏑馬神事の再興にも尽力された千玄室大宗匠《せんげんしつだいそうしょう》をはじめ、多くの方々のご賛同とご協力を得て実現。当日は全国から七〇〇人もの方々に勧進能をご観覧いただき、神社に参拝いただくことができました。開演は午後六時、空が徐々に色を落としていく時間。演目は「賀茂《かも》」。五五〇年ぶりの「再興」です。

当日の演出上の難題は、今回の能が通常のものではなく、史実に基づいた「再興」り「糺」という場所とも不可分であることを、どのようにしてご参集の皆さまにお伝えすることができるのかということでした。いろいろと熟考し議論を重ねた結果、上演前に、場を清めるための弓矢の神事を当日の次第に組み込むことにしました。この儀式は大成功を収め、いまでも「あれはよかった」と言われるほどです。

実は、この儀式は、当時の史料にはありません。しかしながら、何か、通常の薪能《たきぎのう》でもなく、神社で行なわれている音楽・芸能イベントの一つでもなく、来場された方に、神社の行事と一体となった催しで「これから特別なことが始まる」と思ってもらえるような仕掛けとして考え出したものでした。

弓矢で四方が清められ、鏑矢《かぶらや》がヒューっという音を鳴らして楼門《ろうもん》に向けて飛ばされました。その音が、境内にこだまし、とたんに、場の空気ががらりと変わったのを覚えています。境内はシーンと静まりかえり、改めて能には神事の要素が受け継がれていることを伝えることができたのではないかと思います。舞殿の周囲には砂利《じゃり》が敷き詰められています。あまりの静けさで、少し動いただけでも、周囲にジャリっと音が響いて憚《はばか》られる、それほど清らかな空気が漂っていました。

能楽は伝統芸能の中でも「分かりにくい」の代表選手のように思われているかもしれません。そこで、上演する側は、字幕をつけたり、比較的分かりやすい派手な演目を繰り返し上演したりと、とにかく「分かりやすい」方向での努力が続けられてきました。そのことはとても大事な歩みだったと思います。一方で、観客側が、なぜ自分たちは「分かりにくい」と感じてしまうのだろうか？　と自問することはあまりないように感じます。自分が「分かりにくい」と思っているものが、ほんの一〇〇年前であったならば「面白い」といって熱狂していたかもしれないのに。演じる者だけではなく、見る側も芸能に歩み寄って、扉を開いてみることが必要なのではないでしょうか。日本の伝統芸能は、明治以降の激動の時代を、あえて自らの扉を閉めることによって、その荒波から身を守ってきたという見方も可能かもしれません。しかしいまこそ、その扉を一緒に開け放つ時ではないでしょうか。

鎮守の森に響く音は格別でした。樹々に音が自然に反響し、スピーカーもわずかな台数の配置だけで十分でした。本来はスピーカーなど必要のない環境だったと思いますが、雨天時の雨音を想定して念のため隠れたところにスピーカーを設置しておいたのです。上演中は、風が吹いたり、鳥の声がしたりといった自然の環境の中で、演者と観客が一体となり、まるで音と声の渦の中に居るような不思議な感覚でした。

もちろん、屋外なので言葉が聞き取りにくいといった部分もあったかもしれません。しかし自然の森の中で、身体全体で、風の音や鳥の声、森の外から聞こえてくる日常の雑音を含めて舞台を全部受け入れられたからこそ、室町時代の能の空間を享受できたのではないでしょうか。現在の能楽堂のように強制的に外部との接点を閉ざすのではなく、鎮守の森という、ゆるやかな結界に囲まれて日常の俗世界と連続して存在する聖なる空間での能の舞台。終演後、誰もいなくなった舞台の、静かな余韻が、忘れられません。

こうして足利義政の時代に思いを馳せることが、この現代にできたことは、とても大きな意義があったと思います。無事「糺勧進能」が終わってお客さまが帰路につき、私たちの片付けが終った途端に雨が降り出しました。月並みですが、下鴨神社の神様の力を感じた瞬間でした。

この「糺河原勧進猿楽」の再興は、初年度は「糺勧進能」とし、翌年は「糺勧進猿楽」

舞台後方の社殿から真っ直ぐに取り付けた橋がかりからのシテの登場は、あたかも御本殿から神が現れたかのようだった（撮影：宮下直樹）

として狂言を上演しました。「糺勧進猿楽」の演能図には能の演目の間に狂言の演目名も記載されているのです。これは狂言の演目が番組に残される最も古い例と言われています。この時は、初年度の「賀茂」に関わる狂言「御田《おんだ》」を上演することで、二年あわせて能と狂言による「糺勧進能」プロジェクトに意味を持たせました。

三年目は、福島県で東日本大震災の記憶をとどめるアート活動をされている方々との共催企画を実現いたしました。この時中心になった福島県立博物館の当時館長で学習院大学教授の赤《あか》坂憲雄《さかのりお》さんから、福島県二本松《にほんまつ》市の安達ケ原《あだちがはら》に伝わる鬼婆《おにばば》伝説をもとにした能「安達原《あだちがはら》」を、是非京都で観たいという強い思いを伺いました。安達原の鬼婆は、さまざまな伝説が絡みあって伝えられており、その正体を明らかにはできないのですが、もともと京都にいた女性に不幸があり、奥州の安達原にたどり着き、人を食う鬼になったとされています。

当時、東日本大震災からまだ数年しか経っていませんでしたが、福島の状況は、年月を経るにつれて人々から忘れられていくのかもしれないと、ふと危機感にかられるとともに、鬼婆の孤独が心によぎり、赤坂さんの言葉が胸にこだましたのでした。そして、能「安達原」を糺勧進能として上演することに決めたのでした。

この時、博物館の学芸員の方には雪の中、安達ケ原のススキを実際に採取して京都まで運んでいただき、花士《はなのふ》の珠寳《しゅほう》さんに舞台の上で生けていただいたのでした。夕刻、舞台の上にカラスの群れが黒々と旋回していたのも忘れられない情景として心に刻まれています。

そして四回目となる令和元年（二〇一九）は、御代替《みよが》わりの年でした。能の奉納を葵祭の行事の一環として位置づけるとともに「糺能《ただすのう》」という名称に改めました。そして、演目は令和御大礼にちなみ、大正天皇の御大典の折に作られ、のちに上演されることのなかった「大典《たいてん》」の仕舞（能の曲の一部を紋付袴姿で舞う上演形式）と、五節《ごせち》の舞姫が舞う「吉野天《よしのてん》人《にん》」を選び、上演しました。

コロナ禍となった令和二年（二〇二〇）と令和三年は、関係者のみによる御神前奉納となりましたが、今後、長く市民に愛される京都の年中行事の一つとして根づくことを願っています。

「紀勧進能」は、結果として、初年度、次年度、三年目と、内容も主旨も大きく変わっていきました。しかしながら、それこそが芸能の本来の姿かもしれないとも思います。

うつろう社会の情勢と人々に心を寄せながら、いま何を伝えるべきかを、毎回考え、実現させる。能楽は、そのような、社会の鏡として機能してきたのかもしれません。シンプルな演出、いつの世にも通じる物語。一見形式的で融通がきかないようにみえる能楽ですが、実は毎回、新たな演出の工夫がなされています。紀勧進能の場合は、舞台の形や楽屋の位置、照明の具合、音響、観客の位置まで、すべからく現代の能楽堂とは異なっています。この環境で、古来の演目を演じるにはどうすればよいのか。それを、出演者である二〇数名の能楽師たちがそれぞれに考え、舞台上で実践するのです。二度とない、一度きりの舞台。まさに一期一会の奇跡的な瞬間が立ち上がる。その瞬間を、観客も受け止める。舞台を作る企画制作側の私たちは、その瞬間をどこまで意味あるものにできるのかを、ギリギリまで練り、想像し、交渉し、最後は舞台や観客と一体になるのです。

地域に眠る文化を掘り起こす　「吉備津宮」の復曲

伝統文化プロデュースの仕事について、京都以外の地域でお話しをさせていただくと、たいてい「京都はいいよね」と言われます。その際、京都でも伝統文化が崩壊しつつある現状をお話しし、「いまは価値がないと思われているものでも、それぞれの地域で残されているものをとにかく大事にしてほしい」とお伝えします。同時に、過去にあったものを「掘り起こすこと」もおすすめしています。

そのような中、能楽は、地域文化の掘り起こしに極めて役に立つツールだということをお伝えしたいと思います。

平成二九年（二〇一七）、岡山県ゆかりの能である「吉備津宮《きびつのみや》」を、岡山後楽園《こうらくえん》の能舞台で復曲上演するお手伝いをいたしました。

「吉備津宮」とは、江戸時代に作られた能の演目で、桃太郎伝説の元になったといわれる「温羅《うら》伝説」を描いた幻の作品です。

江戸時代、徳川幕府は能を武家の式楽（公式な場での芸能）とし、全国の大名に嗜むように命じました。それは、参勤交代と同様、藩の財政を豊かにさせないためとも言われていますが、そのおかげで、各藩は非常に大きな文化遺産を後世に伝えることになります。能面や装束の製作は工芸技術の発展を促し、美意識が開拓されます。能の演目を通して、その土地の歴史や物語を後世へと伝えていくことにも貢献しました。「吉備津宮」も、そのような物語の一つです。

「吉備津宮」の復曲のきっかけを与えてくれたのは、京都で江戸時代から続く「京観世《きょうかんぜ》」と呼ばれる五軒の家の中で、唯一いまも能楽の家を守り伝えている一四代目の林宗一郎《はやしそういちろう》さんです。お父様が開いた岡山の稽古場に定期的に稽古に行かれていることを知り、せっかく能楽が盛んな岡山に拠点があるのだから、岡山で何かできないだろうかと考えたのです。私の大学院時代の恩師である能楽研究者の松岡心平《まつおかしんぺい》先生も岡山のご出身で、数々の復曲を手がけていることを存じていました。ある時、ピンときて、松岡先生ご監修のもと、林さんが復曲をされたら面白いのではないかと思ったのです。そんな折に出会ったのが「吉備津宮」という古曲でした。

岡山では、「温羅」の話をもとに、「うらじゃ」という祭を創出し、平成六年（一九九四）より毎年八月に開催しています。「うらじゃ」の最後の「総おどり」では、温羅の魂を天上に還す踊りを、全員が一体となって踊ります。いまでは全国各地からこのお祭りに足を運ぶ人も増えています。そのため岡山の人にとって「温羅」という存在は馴染みがあることも分かり、能「吉備津宮」を復曲すれば、岡山の人々にとって、身近な能の作品になるのではないかと考えました。

しかし台本である詞章は残されていたものの、上演記録がありません。ひょっとしたら、台本を作っただけで上演をしていないのかもしれませんし、上演をしたけれども後世に伝わるほど回数を重ねなかったのかもしれません。果たして復曲は可能なのか。

私の心配をよそに、能の演者は、驚くべきことに、詞章を見れば、だいたい「このような節かな」と想像することができるようです。もちろん、その中でも解釈の幅があり、検討を重ね、また上演を重ねることでより磨き上げていったりされるのです。

世阿弥は、自らの手で作品を作ることを重視していました。新たな曲を書いたり、復曲したりといった経験は、役者としても刺激になり、芸にも生かされることになります。

その後、着々と準備が進められ、平成二九年（二〇一七）五月、ついに、後楽園の能舞台で、林さんが「吉備津宮」の初披露を達成されました。初回は岡山に本社のあるベネッセの支援をいただくことができました。続いて京都でも上演することが叶いました。そして、復曲した曲を地域の方々が口ずさめるようなれば、伝統文化の継承にもつながると、夢を語りあったのです。

この取り組みは、いまでも、能楽教室という形で続いています。林さんが毎月定期的に能「吉備津宮」を謡い舞う教室を開いておられ、子どもも大人も一緒に習うことができます。また、年に一度、吉備津神社で稽古の成果として謡や舞を奉納しています。

これをモデルケースとして、さまざまな地域で能楽を通しての地域文化の掘り起こしと継承を提案できればと思っています。

能楽の源流を呼び起こす　「談山能」

奈良県の山奥に鎮座する談山神社には、能の面になる前の段階の「摩多羅神面」という翁の面が残されていることは先にも述べました。談山神社には、十三重の塔が残っていて、かつては多武峰妙楽寺《とうのみねみょうらくじ》という寺院でした。お祀りされているのは大化の改新の立役者としても有名な中臣鎌足《なかとみのかまたり》公です。

この「摩多羅神面」を世に出すきっかけを作られたのは、哲学者でもあり、国際日本文化研究センター所長を長年勤められた梅原猛《うめはらたけし》先生でした。そして平成二二年（二〇一〇）頃、能楽小鼓方の大倉源次郎さんが、ぜひこの談山神社の摩多羅神面を用いて能を上演しましょうという話になり、制作面での協力をさせていただくことになりました。大倉さんとは、それより前に、生田コレクションという能楽の小鼓胴（鼓筒《こどう》）の貴重なコレクションを保存する目的で、展覧会や講演会、上演の催しをお手伝いさせていただいたご縁がありました（第五章参照）。

奈良県は能楽発祥の地。毎年一二月に行なわれる春日大社・若宮の「おん祭」では、能舞台の鏡板の由来ともされる影向《ようごう》の松の前で能楽が披露され、また、奈良豆比古神社《ならつひこじんじゃ》では、三人の翁舞という珍しい形態も継承されています。奈良には、観阿弥・世阿弥のみならず、現在の各流派につながる多くの座がありました。しかしながら、いまでは、奈良県では能の上演が本当に少ないのです。そもそも伝統芸能に限らず、日本の舞台芸術は人口の多い首都圏に集中しているのが現状です。そうでなければ、いまの社会では興行が成り立たないからです。歌舞伎にしても、上方（京都・大阪）特有の作品

談山神社の後戸に祀られていた「摩多羅神面」（撮影：大道雪代）

の上演を得意とする家の役者さんも、いまではほとんどの方が東京に住まいされています。地域色豊かな文化を作り上げてきた日本文化の特徴が失われつつあるのではないかと危惧しています。

大倉さんは、自分たちのルーツでもあるその面を用いての能を、ぜひ能楽師が奈良の地に赴いて現地で行なうべきだという想いを強く持たれていて、それまで同地で小鼓の会を続けられてきたことも手伝って、開催が実現することになりました。

東日本大震災の年、平成二三年（二〇一一）の五月に、談山神社で能の公演を行ない、麓の図書館ホールで学術シンポジウムも開催しました。当初は私がほぼ一人で事務局を務めましたが、少しずつ仲間が増えて、この「談山能」は一〇年ほど続くことになりました。

今回のような七〇〇年、八〇〇年と眠っていた面など貴重な文化財は、そのままそっとしておくか博物館などに収蔵されるべきであって、使うべきではない、という意見もあるでしょう。この点については、いろいろと議論がなされました。

談山神社の敷地内には、権殿《ごんでん》という建物があり、そこはかつて天台宗の常行三昧堂《じょうぎょうざんまいどう》として僧侶たちが修行をしていました。そして、その常行三昧堂の後ろ側に、「後戸《うしろど》」と呼ばれる小部屋があり、摩多羅神面は、「後戸の神」として祀られていたのでした。現在は、他の貴重な古面とともに、奈良県立美術館に保管されています。

そもそも摩多羅神は近代以後、ほとんど忘れ去られていた存在で、未だに全容がよく分かっていません。面を用いて芸能を行なう時、そこに神仏が降りてきます。面は単なる被《かぶ》り物ではなく、神の依代《よりしろ》として、神そのものと同格に扱われてきました。いまでも、能楽師の方々は面を自身の顔にかける時、面に一礼をされます。

このような面の特性、そして、長らく用いられていなかったという歴史を考える時、神として祀られていた面を用いるためには、相応の段取りと覚悟が必要とされました。

最初に摩多羅神面をかけていただいたのは、観世御宗家でした。当日の演目は「翁」。これは「能にして能にあらず」と言われるほど、他の演目とは一線を画す特別な演目で、神事的要素がとても強いものです。「翁」を上演する時、演者さんたちは、数日前から女性との接触を断ち、新しく起こした別火《べっか》で男性が作った精進料理をいただかれます。そして、舞台の前に水風呂に入るなど、それぞれに潔斎《けっさい》をして本番にのぞまれます。

当日は狭い堂内に観客が二〇〇人ほど入り、幕を張って境界とし、舞台を設えました。そして御宗家が面をかけて出てこられた瞬間、ぶわーっと強い風が吹いたのです。

私は霊感もありませんし、オカルト的なことを信じるタイプではありませんが、家元が舞台に出てこられ、風が吹いた時、「何かが来た」と、畏怖の念を禁じ得ませんでした。

今回の舞台は、摩多羅神面が祀られている場所で、現代に生きる能楽師が面をかけて舞うことが目的でした。その意味で舞台は成功でしたし、能楽師の方々が、「自分たちの原点」を実感するよい機会になられたのであれば、この上ないことと思います。

翌年からは、いろいろな流派の演者に来てもらいたいという大倉さんの希望により、各流派の方々に協力いただき、上演が続けられました。

伝統芸能の演者の方々も、自身のルーツを探り、また後世へと継承していくための新たな模索を続けています。最近は新作能もたくさん誕生しています。現代の能楽師さんの手による新しい作品が、未来の「古典」になるのかどうか、ぜひご注目いただければと思います。

作り手になってみる　京菓子展「手のひらの自然」

再び、弘道館の話をいたしましょう。

さまざまなジャンルの伝統文化のよさを伝える活動をする中で、茶道は「食」の文化であることが特異な点だと再認識させられることがたびたびあります。食は生命を維持するために必要なものですが、それだけでなく、「欲」をも満たします。美味しいと感じる時間は幸福そのもので、そこに集う人の中に「和」が生み出されます。つまり、「食」は、もっとも身近な「自然」である自らの身体と、他人や社会という「世界」をつなぐ、重要な役割を果たしているのです。そして、他のジャンルに比べて親しんでもらいやすいという利点もあるかと思います。

中でも、茶道における菓子はお茶をいただくためと考えれば脇役ですが、場を感じ、場を生かすために開く茶席にとって、菓子ほど有効に使えるものはありません。

道具は伝来というかたちで時間や歴史を伝えることができます。これに対し、菓子は人の手によって「いま」作られたものであり、物質そのものから歴史や時間を感じることはありません。そのかわりに、「意匠」と「味」の継承によって歴史を伝えているのですが、同時に、菓子はうつろう時の中に、「いま、ここ」にしか存在しないものという特性が面白くもあるのです。まさに茶の湯の精神を凝縮した食べ物といっても過言ではありません。

そんな和菓子も他の伝統文化同様に、文化的には衰退の危機が迫っているともいえるのです。全国的に町の和菓子屋さんの数が減っているという話は、第一章で述べた通りです。京都ではまだ保たれているとはいえ、近年は具象的な意匠の「分かりやすい」お菓子がも

受賞作の展示風景（撮影：宮下直樹）

てはやされ、「京菓子」の概念が揺らいでいることを感じていました。

このような状況を鑑みて、お菓子をテーマにしたプロジェクトにも取り組むことにしました。それが毎年夏に京菓子の新たなデザインを募集し、審査の上、秋に実作品を展示する「京菓子デザイン公募」展です。

「京菓子デザイン公募」展の意図は、江戸時代の人々の「知」のかたちを伝えることにあり、その「伝える」にも、さらにまたいくつかの方向性と意味が込められています。

第一に、展示を通して、京菓子とは何かを伝えること。日本文化が凝縮された京菓子という存在について知ってもらいたいと考えています。

第二に、展示を通して、京菓子から日本文化の素晴らしさを感じてもらうこと。それは、抽象化された「美」から歴史や文化を読み解くということであり、江戸時代の人々の「知」に触れ、経験してもらうことでもあります。

第三に、お菓子をデザインするという行為を通して、京菓子の意匠や技術の素晴らしさを実感してもらうこと。手を動かすことによって、いかに伝統的な意匠が優れているかを知ってもらうことです。

最後に、お菓子のデザインを通して、古典に学ぶ喜びを体験してもらうこと。テーマを深く読み解きエッセンスを取り出す作業は、その主題を自分のものにするということでもあり、「学ぶ喜び」を知ることに通じるのです。

このプロジェクトでは毎年テーマを決めて、広く一般の方々から京菓子のデザインを募集しています。入選したデザインは、和菓子職人が実際に制作をし、展覧会を開催して展示しています。これまで「琳派」「若冲と蕪村《ぶそん》」「百人一首」「源氏物語」「万葉集」「禅―ZEN」「徒然草《つれづれぐさ》」といったテーマで募集してきました。

京菓子や日本文化に興味がある人であれば、誰でも応募することができます。また、茶席菓子実作部門もあるので、自分で茶席菓子を作ることができる方は、自作の菓子で応募することも可能です。

七年目となる令和三年（二〇二一）、「徒然草」をテーマに公募したところ、国内外から六五五点の作品が寄せられ、審査員の先生方（審査員長は、MIHO MUSEUM館長の熊倉《くまくら》功夫《いさお》先生）によって選《よ》りすぐりの五三点を秋に展示し、弘道館ではそれぞれのデザインに基づいて職人さんが丁寧に作り上げたお菓子を抹茶とともに提供いたしました。

嬉しいことに、回を重ねるごとに、デザイン部門では若い中学生や高校生の応募が増えています。テーマとなる古典作品を読み込み、物語の意図を抽象化させて、デザインに落とし込むという作業は、読解力や創造性を育むことになるでしょう。それを楽しみながら取り組んでいる姿が目に浮かびます。応募された学生さんたちが毎年展覧会に来てくださるのですが、落選された方も楽しそうに作品の意図や苦労話を語ってくれます。また、実作部門では、菓子職人ではない一般の方の応募も増えています。中には、応募をきっかけに菓子作家としてデビューされた方もいます。京菓子の新たな伝統を作るとともに、食する側の「審美眼」を育てることにも貢献できているのではないかと思います。

コラボレーションの作法 「新〈淇〉劇」

令和元年（二〇一九）、有斐斎弘道館が一〇周年を迎えるタイミングで何かできることはないかと、いろいろと考えました。すでに述べてきたように、弘道館の第一のミッションは、建物を未来へと残すこと。第二のミッションは、皆川淇園の弘道館を現代の学問所として再興することです。

まず一つ目のミッションについて最初の一〇年は、とにかく建物について知ってもらうための事業や、皆川淇園についての基礎的な研究をするための土台を作り、また建物や庭の手入れ、事務的な機能の整備に力を注ぎました。

では、第二のミッションについてはどうでしょうか。皆川淇園の学び、近代以前の学びを伝えたいという思いを共有する仲間は増えましたが、それぞれの知を体系的に位置づけるには至っておらず、また、私たちの活動自体がまだまだ世間に広く知られているとはいえない現状です。

このような課題を持ちつつも、これまで大勢の方にご賛同いただき、何とか一〇年を乗り切りました。その意味でも一〇周年は、弘道館の次の一〇年、二〇の年ビジョンをより多くの方に伝える機会と考えるのが順当かと思います。ところがその頃、私はひどく体調を崩していました。

当時は、東京の私立の大学からお声がけをいただき、准教授として勤務していました。

そこで学生と向き合い、大学院の時以来、再び東京という地から京都を眺め、伝統文化について考える機会を得ることができていました。しかし、弘道館やその他の文化再興事業も誰かに任せられるような状況ではないために、毎週、時に毎日、東京と京都を新幹線で往復するという日常が続いていました。その他にも、弘道館の復興活動を始めてから、何かと物入りなことが多く、個人的にも経済的な負担が大きくなってきていました。どれもが自分が選択した道ですし、責任を伴うことですので、身体に鞭を打って頑張っていたのですが、いつしか心身ともに疲れ果て、ある時、気を失い倒れ込んでしまったのです。

思えば倒れる半年ほど前からは、独りで歩くことも困難で、常に壁を伝って歩いているような状態でした。呼吸をすることもままならず、大学での九〇分の講義もとても聞き苦しいものになっていました。関係者の方々には本当に迷惑をかけたと思います。そのタイミングで弘道館が一〇周年の節目を迎えることになるのですが、私の頭の中はもう一杯一杯で、全くアイディアが浮かばず一歩も前に進まない、という人生で初めての経験をしました。

一人窮地に陥っていた私ですが、沢山の仲間たちが救いの手を差し伸べてくれました。すぐさま、弘道館再興一〇周年記念実行委員会が起ち上がり、同時に祝賀会の方も千玄室大宗匠をはじめとする錚々《そうそう》たる発起人の方々が名を連ねてくださいました。

　再興一〇周年を記念する日、令和二年（二〇二〇）二月二四日、記念の会の開催に漕ぎ着けることができました。第一部は、弘道館近くの金剛能楽堂で、演劇「新《しん》〈淇《き》〉劇《げき》」を上演し、四〇〇名の満席となりました。第二部は、京都ブライトンホテルでの祝賀会です。祝賀会には、各界の方々が三〇〇名近くも集まってくださいました。新型コロナウイルスの流行の兆しが見え始めていた時期でもあり、本当に、一日遅ければ開催ができなかっただろうという奇跡的なタイミングでした。

「新〈淇〉劇」とは、〝新〟しい皆川〝淇〟園の〝劇〟ということで、もちろん某新喜劇をもじったもの。このタイトルを思いつかれたのは、落語家の桂吉坊さんです。劇の発案は能楽師シテ方の林宗一郎さん。詞章を書いてくださったのは、能楽師ワキ方の有松遼《ありまつりょう》一《いち》さん。そのほかにも、狂言師の茂山逸平《しげやまいっぺい》さん、篠笛《しのぶえ》奏者の森田玲《もりたあきら》さん、花士の珠寳さんが出演や演出にご協力くださいました。みなさん、弘道館を支えてくださってきた、伝統芸能の継承者たちです。その他にもたくさんの方々が会場やいろいろなところで活躍してくださいました。祝賀会で書家の川尾朋子《かわおともこ》さんが淇園の漢詩の一部を書いてくださったり、「新〈淇〉劇」の衣装を衣装家の鷲尾華子《わしおはなこ》さんが制作してくださったり、小鼓方の大倉源次郎さん、笛方の杉信太朗《すぎしんたろう》さんといった一流の奏者たちも会を盛り上げてくださいました。多くの方々が異なる分野ではあるものの、一つの舞台を作るために集い、台本を作り、新しい劇が生み出されたのです。そして、いわゆる他ジャンル混在の表層的なコラボレーションではなく、あたかもこの組み合わせが何百年も前からあったかのように感じさせる完成度の高い新しい劇に仕上がりました。それぞれが、それぞれの芸の特徴を上手く生かした劇づくりをしたことのが成功の秘訣だったと思います。台本ありきではなく、大きな意図を、集まった「人」を生かして、どのように表現するのかを、演者同士が語らい、作り上げたのです。

テーマは、「弘道館の過去・現在・未来」。場所は淇園の設立した弘道館。そこで淇園が、ふとこの先どうなるのだろうかと案じる。その時、「未来神」が現れて、二〇〇年後にきちんと弘道館は再興されているよ、という夢を見せてくれる、というものです。現在の館長の役を珠寳さんが務めてくださったのですが、象徴的な場面として、彼女と未来神が、橋がかりですれ違い、淇園は舞台の上で未来に夢を託すシーンがあります。三者が一直線に並ぶという構図が一瞬訪れ、現在と過去と未来が一直線につながる、そんな瞬間を目の当たりにすることができました。お客さまからも「あのシーンは印象的だったね」という

多ジャンルにわたる伝統芸能の継承者が一つの舞台を作り上げた「新〈淇〉劇」では、「未来神」という概念が誕生した（撮影：上杉遥）

声をいただきました。弘道館の未来を寿ぎ「これからも大丈夫だよ、みんなで一緒に作っていこう」というメッセージを、会場全体で受け止めていただけたと思っています。

「新〈淇〉劇」はその後再演されていませんが、私は、この物語は弘道館だけではなく、あらゆる文化を継承し、顕彰する地域や個人など、いろいろなところで上演されるべき物語だと考えています。皆川淇園を、ほかの人物に当てはめてもいいかもしれません。弘道館という事例に即して作られた物語でありながら、テーマは普遍的なもの。だからこそ多くの方に深く共感いただけたのだと思います。

「皆川淇園の時代に勝るとも劣らず、いまの弘道館はまさしく多様な才が集うサロンになっているね」と、嬉しいお言葉もお客さまから頂戴いたしました。弘道館は、さまざまな才能を持った人たちが集い、切磋琢磨しながら新しいものを生み出す場に育ってきています。

伝統も実験から「花と能」

もともと学問所である弘道館は、常に実験的、挑戦的な場所でありたいと思っています。学びの本質は、一方的に教えるのではなく、互いに学び合うことにあります。また、一つのことを一つの目的に向かって一つの答えを出していくだけが学びではありません。答えは複数あってよく、答えに至る経緯も幾通りあってもいい、と思います。分野を一つに決めなくてよいのです、表現方法もまちまちでいい。そんな学びが、近代以前の学びだったのではないか、それを体現できれば、逆に、未来の教育のあり方を提示することになるのではないかと、本気で考えています。

伝統文化を通して双方向に学び合う場。プロもアマチュアもともに学び合う場。そのような実験ラボとしての代表的な例が、「能あそび」という講座です。その中で「花舞劇《かぶげき》」と名づけた、能と花が座敷で共存しながら表現するプロジェクトをご紹介します。

弘道館での「花舞劇」以前にも、花と能を組み合わせた実験的な催しを何度か行なってきました。華道「未生流笹岡《みしょうりゅうささおか》」のお家元、笹岡隆甫《ささおかりゅうほ》さんに協力をいただき、京都の宇治にある松殿山荘《しょうでんさんそう》で実現したものです。「杜若《かきつばた》」「高砂《たかさご》」「頼政《よりまさ》」「忠度《ただのり》」「嵐山」と、年に一度、五つの演目に挑みました。笹岡さんには、その度にかなりの無理をお願いし、演出に協力をしていただきました。能楽師さんの中に一人混ざって、「ここで花をもって出てください」「ここにじっと座っていてください」「この音曲のタイミングで花を手渡してください」と出される指示に的確に対応いただきました。これを通して、能楽師さんたちの方も、華道について理解を深めていかれたようです。

弘道館では、令和二年(二〇二〇)に「野宮《ののみや》」と「井筒《いづつ》」を、令和三年(二〇二一)には「山姥《やまんば》」と「鉄輪《かなわ》」を上演、披露しています。松殿山荘に比べると弘道館は座敷も庭も小さく、また歴史的な背景も異なっていますので、お囃子の方々をお呼びする能楽のフルバージョンと異なり、少し簡素な形の上演形式を模索することを考えました。そして、学問所として、室町時代の横つながりの芸能としての思想や骨格を掘り起こすことができればと考え、銀閣寺で東山文化再興を手がけてこられた珠寳さんにお願いしての試みをスタートさせたのでした。

能と花は、同じ室町時代に成立しました。しかも、両者とも、弘道館からほど近い現在

コロナ禍で舞台の上演ができなくなった2020年5月には、演者を一人ひとり撮影して合成した（vimeo動画「開物楽―みたまふり」より）

の相国寺や銀閣寺のあたりを中心に大きく展開した芸能です。

私たちは普段、伝統的なものを見ている時、時代性を踏まえた根本的な思想や哲学がどのようにつながっているのかを考えることはほとんどありません。演者同士も同じかもしれません。そこを、実践しながら探り合うことができればと考えたのです。歴史を踏まえ、現実的なあらゆる制約も踏まえた上での実験に賛同いただける実践者たちが集まり、いまも一緒に試行錯誤を続けています。

とはいえ、見かけは伝統的な衣装、伝統的な所作、伝統的なものを扱いますので、一見それほど突拍子もない事をしている風には見えないと思います。しかしながら、実はとてつもなく革新的な試みなのです。

最初に花を生けて、その花を背景に能をするというだけの単純な演出は誰もが思いつくかと思います。このような場合であっても、舞がはじまる前にわざわざ花をお客さまの前で生ける意味がどこにあるのかということを考えなければ、単なるパフォーマンスになってしまいます。物語の中でその行為が何らかの機能を果たさなければ、花は能の「背景」にすぎないことになります。

そのように考えると、能の物語の中に、どのように花を組み込むのかが鍵になってきます。自然な流れで組み込まないと、とってつけたような薄っぺらいコラボレーションになってしまいます。そうではなく、物語の中で花を生けるという行為が生きてくる形とは何か、それによって物語がより鮮明に浮かび上がるような手法はないかなど。それは、「花を生ける」ところを見せることにこだわっていては可能性が広がらないとすら考えます。たとえば、花を生ける「前」で終わらせることも選択肢に入るでしょう。花を生ける後ろ姿を見せるのはどうかと考えたこともあります。奇を衒《てら》うのではなく（それも時に必要なこともあるかもしれませんが）、空間と時間の全体的な表現として、「伝統」をより鮮やかに伝える形を模索するのです。

能の側も、詞章や型のすべてをそのまま上演することにこだわっていては、今回の企画のような場合には壁にぶち当たってしまいます。とはいえ、勝手な変更もできません。詞章を変えることなく、作品の世界はそのままに、花が担える役割はどこなのかを探っていくのです。

演者同士の対話に加え、演じる場についても無視できません。弘道館であれば舞台となるのは座敷という制約があります。もっと広い場所であったなら、座敷の向きが逆であったなら、など演出を考える際に無駄な思考がよぎることが少なくありませんが、逆に、これらの制約を前向きに捉えることによって、思いもかけなかった表現が生まれることがあります。弘道館の座敷だからこその、庭から差し込む光と影、空気の揺れ。

「新〈淇〉劇」もしかり、どのような場所であっても、演者や観客の全員が、その場所を見つめ、その場所を受け止める中で初めて新たな物語が生み出されます。最終的に、その場の使い方や演出が大正解であったという形にまで持って行けるのか、制作の過程で演者と場との交流をどのように見守れるのかというようなところが、伝統文化プロデュースの肝であろうと思っています。

リアルとバーチャル　「オンライン茶会」

コロナ禍において弘道館も一時休館になり、それまで毎日のように開催していた講座や茶会の数々が、一切できなくなりました。弘道館の最大の強みはその場所であり、リアルな空間です。座敷に座り庭を眺めながら、五感をフル稼働させて日本文化を体感してもらうのが、弘道館の魅力であり役割だと思っていました。

ところが、令和二年（二〇二〇）五月、緊急事態宣言が出されて人が集うことができなくなったのです。三月末、いよいよ人が集うことができなくなるのではという不安の中、オンライン事業を実施するための機材を買いそろえました。数日の差で、家電量販店、ネットショップからウェブカメラなどの対応機器がなくなり、入手困難となっていたので本当にギリギリのタイミングでした。

まさか弘道館がオンラインで講義を行なうことになるとは……。これまで考えたこともありませんでしたが、一方で「いましかない」とも思ったのです。この機会を逃すと弘道館は永遠にネット配信事業を推進することはないだろうと。とはいえ、当時は、私自身、オンラインでの講座の意義については懐疑的でした。

しかも、オンラインで講座を始めようとしたところ、お客さまやサポートくださる方々の反応は賛否両論です。「弘道館さんだけはしないと思っていた」という嘆きの声や、「遠方でいままで行けなかったので嬉しい」「コロナで外出できなくなったので助かる」といった、両極にはっきりと意見が分かれました。

私はそれまでオンラインミーティングもやったことがないし、電子契約もしたことがありません。マニュアルがない中、それでも一人で分からないなりに進めていきました。当時はカルチャーセンターも大学もオンライン講義を始めてはいませんでしたし、パソコン操作に詳しい人に聞いても「配信はやったことがないので分からない」という返事でした。こうした状況下、最初に講座をひらいた時は、本当にドキドキでした。ちゃんとつながるのだろうかと。果たして、九〇分間の講座を終えると大きな舞台を一つこなした後のようにぐったりと疲労感に襲われました。

肝心のお客さんの反応はといえば、接続に関する問い合わせで、弘道館の事務局は終始コールセンターのようになっていたものの、内容に関しては嬉しい反応が次々に寄せられたのです。オンラインであっても、お互いに顔が見られることの喜びを、画面の向こうの人たちもまた噛み締めてくれていたようです。

同時に、一抹の不安も覚えました。近い将来、オンラインが発達して、「もうオンラインでいいや」というふうになったりはしないだろうかと。その時、この、必死に守ってきた建物は、どのような意味を持つのでしょうか。費用の捻出方法も変えていかねばならないことは確かですが、それ以上に「場所があることの意味」を早急に再確認し、発信しなければならないと焦りを覚えたのです。

これまで、伝統文化を伝える「意味」や日本建築の「場」の価値を言語化できずにいました。数え切れないほど「伝統文化の大切さ」について語ってきましたが、そのたびに何か言い尽くせないものを感じ、実際に次代へとつなぐには足りないと、もどかしく感じていたのです。これまでは「実物」の力に頼って、それをもって説得力を持たせてきましたが、いよいよ雰囲気ではなく言葉でそれを伝えなければならない時がきたと感じました。

一方で、そのように言葉で言い尽くすということは、結局はできないのではないかということも、感じている自分がいます。本当は言葉で言い尽くすのではなくて、もっと違う方法、もっと違うアプローチ、もっと違う理解の仕方をしなければ、伝統文化は保たれないのではないか。コロナ禍は、あらゆる危機が、特に文化に対しては二〇年、三〇年かけて顕在化する問題を一瞬で表面化させたのだと感じました。つまり、危機が早まっただけなのです。

弘道館では「能あそび」や京文化を語る教養講座のオンラインへの切り替えは早い段階にできましたが、最大の特徴である茶会はまだオンラインに移行できずにいました。いつも茶会に来られている方々とどのようにつながることができるのだろうか、と模索していた四月下旬に、月釜でもお世話になったことのある三窪《みくぼ》笑《え》り子《こ》さんから、オンラインで茶会をしませんかと声をかけていただいたのです。

おそらくオンライン茶会としては全国でもかなり早いほうだったと思います。ただ、茶会に参加する人々はまだオンラインには慣れていません。そのような状況で、オンライン茶会をするということは、相当な工夫をしなければ、茶会として成立しないのではないかと考えました。客と亭主とが、「一座」を共にすることに茶会の意味があり、醍醐味でもあることは第二章でも述べた通りです。単に茶会の風景を画面越しに見ているだけになるならやる意味はない。それだけは避けたかったのです。

オンライン茶会の初回。茶会の亭主は弘道館の太田達さん。正客を三窪さんに設定し、三窪さんも離れた場所からＺｏｏｍで参加する形をとりました。

一番簡単な方法としては、茶室に亭主と客がいて、その風景を中継することですが（そ

織姫と彦星が向かい合って鏡写しの点前をし、「離れていても一座建立」を表現した（撮影：筆者）

のほうがタイミングも合うし、機材の調整も間違いが少ないでしょう）、あえてそのようにはしませんでした。

遠くにいる私も同様、正客ですら亭主から離れた場所にいてオンラインで対峙したほうがリアリティをもって参加者に受け入れられるのでは、と考えたのです。正客は、能でいうワキ方のような、参加者の代表としての役割を果たしてもらいました。この時もし、お客役の三窪さんが亭主と同じ場所にいたならば、オンラインで参加している人たちはまるで蚊帳の外、テレビを見ているような気分になっていたと思います。

もう一つの工夫は、露地渡りです。三窪さんの発案で、お客さまの目線に立つために、一人称視点での事前収録をあえて行ない、視聴者の方々に庭を歩く気分を味わってもらうことにしました。蓋を開けてみれば、七〇〇人余の方々にご視聴いただき、オンライン上のコメント数は四〇〇を越え感動的な言葉も多々いただきました。遠く離れていても一座建立。同じ時間に同じ場所へと心を向けて、同じように気持ちを一つにできるのだということを実感することができました。リアルに同じ場所にいなくても心は通じることを知ることができたのは大きな収穫でした。

少しずつお客さまもオンラインに慣れてきたところで、今度は「実物」を共有できないだろうかと考え、オンライン茶席のためのお菓子を創り、事前に配達をしてもらい、点前やお話とともに同じタイミングでお菓子をそれぞれに味わう場を設定しました。当時としてはおそらく初めての試みで、大きな反響を得ました。

また、海外とのオンライン茶会も試みました。茶道を嗜むロンドン在住のドイツ人女性に、時差こそありますが同じ時間にお客になってもらい、弘道館とつないだのです。以前だと考えられなかったような遠く離れたところの人たちと一座建立ができる。これは何と夢があることなのだと喜ばれました。

さらに、お菓子だけではなく、特別な香も仕立ててあらかじめ送付するという試みもしました。カメラの台数や照明の工夫など、三窪さんと太田さんのアイデアをつないで形にする総力戦で、一回ごとに三段跳びの背のびをしながら工夫を重ねたため、裏方は相変わらずドタバタでしたが、毎回、一つの大きな舞台を共有したような達成感を味わうことができました。

世間もオンラインに慣れてきたころ、オンライン講座やオンライン茶会も各所で行なわれるようになっていきました。すると、お客側もオンラインを通して画面越しに「想像する」コツを身につけていったように思います。

その後、緊急事態宣言が明け、リアルに集うことも増えていきましたが、元の日常に戻ることは未だにできていません。

茶道についていえば、濃茶の回し飲みや千鳥の盃は当分できないのではないか、ひょっとしてなくなってしまうのではないかという不安を覚えることすらあります。一方で、考えてみれば、知らないお客と同座し、しかも数十人単位の大勢の人々が入れ替わり立ち替わり茶会に訪れるというのは、ここ数十年のあり方だと考えることもできるかもしれません。歴史を振り返ってみれば、数人の近しい間柄でお茶を飲み交わすのが通例のことであり、お茶が元の姿に戻ったのだというようなことも言えないことはないのです。一方で、お茶を普及するという意味ではオンラインという手段を私たちは獲得することができたとも言えるのです。

しかし問題は道具です。物を見るということの価値、物が存在することの意味を、どのように捉えればよいのでしょうか。博物館や美術館の閉館も続き、オンライン見学ツアーが行なわれるようになりました。弘道館で毎年開催している京菓子展も、VR撮影をしてオンラインでの公開もしました。本物を見に行くよりも近接して見ることができ、また解説も楽しめる利点はあります。しかしながら、それでよいのだろうか、という自問自答の日々が続きます。現実に「物を見る」ということの意味がますます問われているのです。

第四章　伝統文化から得られること

判断力を養う　「型」は臨機応変力のトレーニング

「型は堅苦しい」という冗談をいった人がいますが、誠にその通りだと思います。私も日本舞踊の稽古をするようになって、なぜこの型なのだろうかと思うことが度々ありました。高校生の時にはなおさら、その疑問は大きく、茶道の稽古をしていると、なぜそうしなければいけないのかという反発心さえ芽生えてきました。しかしながら、先生の動作を見ると、やはりきれいだなと思うのです。

歌舞伎役者の演技も人によって違いがあり、毎回印象を異にするという話はすでに述べました。型という語は、もともと「鋳型《いがた》」からできた言葉ですが、人間の身体の場合は、当然ながら全く同じ形にはなりません。同じであって同じでない、それが伝統芸能における「型」なのです。

茶道のように、茶を点てるという目的がある動作における型と、舞台芸能のような身体表現における型とでは、少し事情が異なりますが、「型」は、伝統文化を伝える一つの代表的な手段であることは間違いありません。「なぜ型を通して伝承されるのか」は、私の大学での卒業論文のテーマでした。当時、美学美術史学の研究室にいたため、かなり路線が外れているといって、先生や先輩方にもたいそう心配をかけたものでした。

型を伝承するといっても、先ほど述べたように鋳型にはめるような方法は不可能です。そもそも、ひとりひとり骨格や筋肉のつき方も違います。それではどのようにするのか。型の写し方はいたって単純明快です。とにかく見よう見まねです。師匠のすることをそのまま真似て、踊るなら踊る、点前をするなら点前をする。しかし、その時鏡で見たり自分の様子をビデオで確認したりするわけではないので、果たしてどこまで忠実に真似ることができているのかは分かりません。それでも、ただひたすらそれを繰り返していくのです。

京舞《きょうまい》の井上流では、師匠は鏡写しで教えてくださるそうです。つまり右手を上げるなら師匠は左手を上げるというように。これは珍しい形ではありますが、いずれにしても、真似をするということになります。また、師匠は弟子が正しくできている時は正しいことを伝えず、間違っている時だけ指摘するというのが大概の教え方と言われています。そうして自分で型を解釈し咀嚼しながら試していくうちに「型に入っていく」のです。

また、その訓練を受けた身体は、茶道でも舞台でも「他人に見られる」ということが前提になっています。自分では見られないものを、人が見ることになる。そこで、自分の姿を客観的に外から見るような視点を持て、というようなことが言われるのです。

世阿弥の伝書に「離見《りけん》の見《けん》」という言葉があります。その意味するところは、人から見られた時にどのような表現になっているのかを見るということです。しかし、それだけにとどまるものではないように思えます。花を神仏に捧げる「献花《けんか》」を長年されてきた花士の珠寳さんから、ある時「向こう」から見られているような気がしたというお話を伺いました。そしてその、「向こうから見られる感覚」を得た時、ようやく花が立てられるようになったそうです。神様や仏様からの視線、これは結局、自己を見るということなのかもしれません。

さて、型を身につけていると、どのような「いいこと」があるのでしょうか。もちろん、型は型通りにする、つまり伝承することに意味があるのであって、何かの効果のためにするものではありませんが、たとえば、型の訓練をすることによって、突然の事態に対応することができるようになります。それは、型は堅苦しいものではなく、逆に、臨機応変に動くための有効な手段だといえるのではないでしょうか。選択肢を無限にして自由に動くことよりも、一定の型に入る訓練をしておくことが役に立つということです。やみくもにお茶を淹《い》れるのではなく、最初から自由に舞うのではなく、多くの先人たちの身体経験の試行錯誤を経て洗練されながら伝えられてきた所作を身につけることによって、周囲の状況などすべてを総合的に判断することができるのです。しかもその判断が、頭だけではなく身体と連動しているために、瞬時に動くことができる。頭で考えても、動くことができなければ、危機を回避することはできません。たとえばそれは、お茶なら抹茶をこぼしてしまった時にどう対応すればよいのかといったことですが、日常に置き換えて考えてみても思い当たることがあるかと思います。まるで武術のような、そんなトレーニングなのです。

自然との共生の知恵　京都のお庭セラピー

弘道館の保存活動の実践は、荒れ放題だった庭を手入れすることから始めたことは、すでに述べました。弘道館の庭は、屋敷を挟んで北・西・南に広がっています。北の庭は庭師さんにも入っていただいていなかったので、樹木を伐ることから始めました。腰ぐらいの高さまでの低木をＤＩＹショップで購入したハサミで一本一本伐り始め、そこから調子にのって刈り込むうちに、池のようなものが見えました。のちにそれは大きな蹲踞であることに気づくのですが、その時は「池が出たぞ」と探検隊のように叫んだものでした。そしてその「池」の周りをさらに刈り込むと、古めかしい灯籠《とうろう》が見えました。灯籠には蔦《つた》などの植物が根深く絡まり、剥《は》がすこともできず、一年ほど放置していたのですが、ある時きれいにしてみると、隠れキリシタンに関係のある「マリア灯籠」だと分かりました。「開拓開墾民《かいこん》」として、ジャングルのような庭を刈り込んでいったのですが、御所の近くにあるのだから、もしかしたらとんでもないものが出てくるかもしれない、などとワクワクしながら作業をしますが、残念ながら未だにそんなお宝は発掘されていません。

一方で南の露地庭に関しては、そこまで大胆なことはできませんでした。私が初めて弘道館を訪れた時も、樹木に覆われていて苔はなく、雑草が生えてはいましたが、露地庭の体《てい》は残していて、人が通ることもできました。ただ、うっそうと茂っていたために、藪蚊《やぶ》の巣窟《そうくつ》となっており、保存活動に協力するために来られた方の中には、逆に藪蚊に撃退された方もいるほどです。さすがにこちらは庭師さんに入ってもらうことになりました。一週間もすると、随分と樹木もすっきりしたのですが、美しい庭というには程遠い状態でした。庭の広さもさることながら、やはり長期間放置していたことが、修復を困難にしていたようです。

こうなると、費用との折り合いもあって、後は、自分たちで手入れをするしかありません。最初は膝の高さほどもある雑草を抜いていき、それがなくなった頃には、くるぶし丈ほどの雑草が生えてくる。それでそれらを除去すると、親指ほどの雑草が生えてくる。このような感じで繰り返し進めていくことで、少しずつ、細部にまで目が行き届くようになっていきました。苔だと思って大事においていたものが、苔を荒らすとんでもない植物だったという失敗談もあります。専門家ではないので遠回りにはなりましたが、その分、庭を一から作ったという感覚を得ることができました。その過程で、一度でも手入れを怠ると、たいへんな労力と時間がかかるということを、身をもって知ることとなりました。移植した苔は、なかなか根づきませんでしたが、樹木の手入れをして草を抜くうちに、次第に地苔が広がっていきました。

手入れは途上でしたが、庭を知ってもらうための活動をスタートさせていきました。その一つは、建物と庭を「生かす」ための茶会、そして、かつての学問所を意識しての教養講座を始めました。これらは、他の場所で町家保全をしながら「学藝倶楽部」として六年間ほど開催していたものを、そのまま移行したものです。学びの空間としても、庭が有効に機能していったことは、第二章で述べました。

庭を作るということは、植物の命を絶つことを意味します。当たり前のことではありますが、ある時、ふと真面目に考えて恐ろしくなったことがあります。今日、私はいくつの命を絶ったのだろうかと。蚊と闘いながら、そう、蚊も殺しながら、庭の草を引き続けていました。そして、「雑草」がなくなったところを見て「美しい」と感じる心。この感覚は一体何なのか。その答えは未だに見つかりませんが、庭に関するいくつかの体験をお話ししたいと思います。

庭の手入れを始めてから、あるお寺さんに行った時のこと。そこの庭を見た時の、スッと身体の奥に入り込んでくる感覚。身体の中が庭の緑に染まってしまったかのような。その感覚は、いまでも忘れられません。整えられた樹木、敷き詰められた石、蹲踞には清らかな水が湛《たた》えられている。このような庭になるまで、どれほどの人の手がかけられてきたのだろうか。これまで私はあまりにも漫然と、社寺や邸宅の庭を見ていました。当たり前のものだと思って眺めていました。そんな自分を恥じました。畏れ多くも日本文化を語り、庭の歴史書なども読んでいたにもかかわらず、その本質については何も分かっていなかったのです。

学生の頃、龍安寺《りょうあんじ》の石庭を必死になって見つめていた時があります。本からうんちくを仕入れ頭を使って理解しようと苦しみましたが、その本当のよさは分からず終いだったと思います。いまならまた違った宇宙が私の中に広がるのかもしれません。

ある時、弘道館を訪ねてこられた女性が手入れ半ばの庭を見て、とても褒めてくださいました。しかし、「よくこんなものを手入れしようという気になったわね、感心するけど、もしかしたらやめたほうがいいかもしれないわよ」と言葉を続けたのです。「えっ」と驚く私を脇目に、その方は話を続けました。何と、嫁いだ家に小堀遠州《こぼりえんしゅう》の作といわれる庭があったのですが、手入れが悪いといって周囲から非難を受け、そのことが辛くなり庭を潰してしまったのだそうです。毎日手入れをしていても、葉っぱが一枚落ちているとか、欠点しか言われない。決して褒められない。ついにある時、コンクリートを流してしまったというのです。衝撃的なお話ですが、分からないこともないと思いました。

庭が美しくて褒められることはほとんどありません。しかし、ちょっと何かが落ちていたり、わずかな乱れがあったりするだけで気になるものです。逆説的ですが、手が入れば入るほど、とくに日本の家屋や庭は「自然」に見えるものなのです。

「庭と建物は一体である」とよくいわれますが、庭を手入れするようになって初めてそのことも実感できるようになりました。保存活動を始めて一年くらいの時に、中国の広告代理店の経営者で、ある意味一つ登り詰めてしまい、次の何かを探しているという感じの方が来られたことがありました。たくさんのお寺を訪ねたけれども、そこでは本当の禅の精神をみることができなかったとおっしゃるその方は、人づてに弘道館のことを耳にし、足を運んで来てくださったのです。

そこでお茶を一服さし上げると、「丸一日、とにかくここに座らせてほしい」とおっしゃるので、そっと静かに過ごしてもらうことにしました。時折お茶について語り合い、素晴らしく和やかな時間が流れていきました。

別の日には、仕事の打ち合わせの合間に来られて「一〇分しか時間がないんだけれども」とおっしゃる方がいました。ところがふっと座敷に腰をかけられた途端、肩の力が抜けたのか、そのまま一時間ほど、座したまま庭を眺めてから帰られるというようなこともありました。

庭があるということ、座敷があるということ。そんな贅沢を、感じたひとときでした。

またある時、日本文化を身につけるというテーマの番組で、テレビ局のアナウンサーさんを一週間ほど弘道館でお預かりさせていただくことがありました。お茶やお菓子を通した修業だったのですが、隙間の時間に、庭掃除をご一緒していただきました。これはもちろんお茶やお菓子づくりに必要な修業なのですが、ご本人は当初なぜ掃除をするのかが理解できなかったようです。しかし、庭掃除をすることによってご自分を見つめられ、目的意識をもって、取り組まれるようになっていったように思えます。座敷にいても居処が定まらないように見えたのが、数日で一層「立派」に見えるようになったのは驚きでした。

学生インターンや、弘道館で企業人を対象に受け入れている「日本文化留学」というプログラムがあるのですが、そこに参加いただく方々も、朝、弘道館に来たらまず庭に出て、全体を見渡してから地面にしゃがみ、小さな草との対話から一日が始まります。庭掃除をはじめ、土まみれになりながら、ちょっとだけ綺麗になった庭を見て、屋内の仕事に移るということを繰り返します。こうした日々を送るうちに、だんだんと表情が明るくなっていくのです。そんな様子を見ていて、これは「庭セラピー」だな、と思いました。

五五〇坪の敷地は広大で、なかなか開拓も進まず、また少ない人数で事業をこなす日々。手入れをするというのは大変なことです。そこで、ボランティアも募るようになりました。そんな折、「京都カラスマ大学」という生涯学習とまちづくりのNPOを運営されている高橋マキさんから弘道館での講座を提案いただきご一緒しました。その際、庭の手入れをお手伝いくださったことがきっかけで、カラスマ大学さんのメンバーの中で弘道館の庭掃除サークル「皐月会《さつきかい》」が立ち上がりました。彼らが定期的に庭に関わってくださることで、いまの弘道館の庭が維持できていることは、本当に有り難く、また素晴らしいことだと思います。こうしたボランティアの方々の中にはいろいろな職業の方がいて、自分の庭のように取り組んでくださるので、私も気持ちが温かくなります。そして、このようにしてあらゆる人々が集うこともまた、淇園時代のサロンのようだと感じています。

淇園の時代には「本草学《ほんぞうがく》」とよばれる薬物学が隆盛を極めていました。山野を巡り薬となる動植物や鉱物を求め、分類し、時に民俗学的な視野も込めながら医学的な知見を深め広げていくような学問でした。淇園が近代以後に埋もれてしまったのと同様、本草学もまた、忘れ去られた学問です。淇園と同じ時代に小野蘭山《おのらんざん》という有名な本草学者がいたのですが、弘道館の近くで四〇年もの間、塾を開いていました。そうした、淇園時代の「知」について少しでも体感していただくために、江戸時代の書物に見出される薬草などを植えていくことができればと夢をふくらませています。

このような、庭を守りながら、喜びが循環するようなシステムができれば、もっと庭も建物も残されていくのかもしれないと思っています。

ちなみに、淇園が見たという記録に残る庭が京都に残されています。東山七条の「積翠園《しゃくすいえん》」で、現在はフォーシーズンズホテル京都になっています。この庭のほとりに新しい茶室が建てられ、ホテルの開業以来、茶会体験プログラムや文化事業のアドバイスをさせて

平安時代末期に、平重盛の別邸「小松殿」の園地として作庭されたと伝えられる庭に建てられた茶室（提供：フォーシーズンズホテル京都）

いただいています。これも淇園の縁かもしれません。

感性を高める「本歌取り」のすすめ

第一章でも触れましたが、「本歌取《ほんかど》り」という技法が和歌にあります。そもそも、日本の芸術活動は、「真似をする」ことを厭《いと》うものではありません。書道も「臨書《りんしょ》」といって手本を見て書くことが最もスタンダードな習得法ですし、絵画も模写が最初の習いです。むしろそのように積極的に行なわれていた「写し」が現代にも多数残されているのは、当然の結果なのです。

歌舞伎では、ある作品がヒットすれば、他の小屋でもその作品の趣向を用いて展開していくのが常套《じょうとう》でした。むしろそれを「もどく」（まねること。日本の芸能では、しばしば、こっけいにまねる）つまり、いかにしてひねって、ウィットに富ませるかというのが勝負だったのです。真似されるということは誉まれであって、素晴らしいから真似をされる、とも認識されていたのです。

日本の伝統文化を学んでみると、創造とは、先人の作り上げてきた世界をいかに体得して、そこに自分なりの解釈を与えるなど、その場その場に応じて、また相手に合わせてアレンジを加えるというものだったことが分かります。

弘道館理事で有職菓子司「老松《おいまつ》」の太田達さんは、京菓子を「一席一菓《いっせきいっか》」と表現しました。そのことを強調するために、一席ごとにお菓子を作るものだと説明し、事実そのように作っていただいたところ、ある方が激昂したことがありました。その方がオーダーしたお菓子と、よく「似た」お菓子が他の席でも出されていたというのです。本当に、カンカンになってと表現できるほど、怒っているのです。

京菓子は、たとえば、同じ赤色でも、ちょっと色を落としたり、餡《あん》の炊き方を変えたり、焼き筋の入れ方をほんの少し方向を違えるといった具合で、繊細に表現をされています。その表現の違いを受け止める力があって初めて、オリジナリティがどこにあるのかを判断することができます。創造性は、芸術家やそれを制作する人だけによるのではなく、受け

「百人一首」をテーマに作られた京菓子。2017年の京菓子展「手のひらの自然－小倉百人一首」より（撮影：宮下直樹）

取る人、鑑賞する人によっても発揮されるのか発揮されないのかというようなところがあるのではないかと勉強になりました。先述のカンカンになって怒っていた方も、このことを説明したところ、京菓子にさらなる興味を持っていただくことができ、ホッとしたものです。

いずれにしても、本歌、つまり真似される元になる本家本元を知っていることによって、どこをどう変えたのかということが分かりますし、それらを見る楽しみが増すのです。そのように考えると、想像力を培うというのは、まず本歌を知るということからなのかもしれません。何も最初から個性的である必要はないのです。

私は中学生の時にこのことで悩んだことがあります。個性的な絵を描くように、自分だけの意見を言うようにと言われて、自分の意見などないし、何が自分の個性なのだろうと思い悩んでしまったのです。大人になってから何かを表現しようとする時にも、日本の伝統文化は有難い存在だと思います。先人のものを真似てよいのですから。そこから自然と、自己表現につながっていくのです。

生きがいに出会う　伝統の一部になる

お茶や能楽を長く嗜んでいる人は、足腰が鍛えられていて健康で元気だといわれますが、本当にそうだと思います。

立ったり座ったりすることがトレーニングになっているのは明白で、同時に、稽古場や茶会などで顔を合わせる友人知人がいるというのも大きな励みになるでしょう。人前に出るのでおめかしをする、髪型を整えるなど、そんなことも気を保つのに役立つのでしょう。そしてお茶というカテキン満点の健康ドリンクを飲んでいることも効果大です。

能楽であれば、声を出したり、深い呼吸をしたり、体を動かしたりといったことが、身体によいのだと思います。

伝統文化を実践していると、移り変わる季節にも敏感になる上、さまざまなものに触れることができます。匂いを嗅いだり、美味しい物を食べたり、お酒も飲むし、頭も使う。古典の教養を身につけることもでき、知的好奇心が衰える隙がありません。

月並みな言い方ですが、伝統芸能を習うことは、長生きの秘訣ではないかと思います。しかし、子どもの頃から伝統芸能を習う人は少なくなっています。私も子どもの頃から習いたかったと思います。やはり小さな頃にやっていたほうが習得はしやすいでしょう。とはいえ、大人になってからでもできないわけではありません。むしろ、年齢に関係なく、いくつになっても始められるというのも、伝統芸能のよさだと思います。

入門のさまたげとして、費用の面での悩みはあるかと思います。本格的に、となれば確かにそうなのですが、費用を抑えた関わり方もたくさんあることを知っていただければと思います。能だったら謡《うたい》だけでもよいですし、カルチャーセンターなど集団でレッスンしているところを探せばいいでしょう。お茶もいろいろな教室があります。

一方で、少しでもお金を出すほうが長続きをすることもあります。必要な部分には、しっかりと費用をかけたほうが、より主体的にもなり、深く楽しめるのは間違いありません。

そして、伝統芸能を習う醍醐味は、「自らが伝統の一部になれる」、ということだと思います。伝統文化は一部のプロの専売特許という状況では、今後ますます先細りになっていくことは確実です。歴史を振り返ってみても一般の人たちが習い、参加するということが、その文化の継承にとって非常に大きな意味を持っていることは多いのです。むしろそれがないと成立しないといえるでしょう。

いまからでも遅くありません。何かを習うことによって、伝統文化、ひいては日本の歴史に「参加」することができるのです。自分が歴史の一ページに貢献することができること、これほど大きな喜びはないのではないでしょうか。そして、少し余裕があれば、着物を誂えてもよいですし、茶道具を買ってもよいでしょう。

自分で買うことによって、確実に自身の「見る目」は育まれます。どんなに小さな物でもいいので自分でオーダーして買う、もしくは自分で選んで買うということを、ぜひ実践してみてください。つい先日も、マンションに住まいしている女性から、「掛け軸を作りたいので紹介してほしい」と依頼がありました。写真作品を購入されたのですが、そのままだと飾らないで終わってしまうのがもったいないとのこと。私たちが写真をよく表具して掛けているのを知っていた彼女は、以前から憧れだったという掛け軸のオーダーにチャレンジしたいと思われたようです。そこで表具師さんをご紹介し、仕立てていただいたものを見せてもらいました。表具の素晴らしさもさることながら、仕立てられたご本人の満足そうな顔をみて、嬉しくなりました。

何かを購入するといっても、高価なものでなくてもいいのです。オーダーする時には知識がなくても大丈夫です。プロがちゃんと教えてくださいます。時には失敗するかもしれませんし、私も散々に失敗をしてきています。それもまた、必ずや自身の糧になるものだと思います。

学校では教えてくれない伝統文化

全国の小中高の学校には能楽鑑賞会や歌舞伎鑑賞会などを開催している学校もありますが、そもそも学校の先生でさえも、日常生活では伝統芸能にふれたことがない人がほとんどです。

少し前の日本では、近所の神社のお祭で神楽《かぐら》が奉納されるのを見る機会もあったと思いますが、現在では、地縁関係の変化もあり、地元の祭だからといって、必ず足を運ぶというわけでもなさそうです。大学生に、「地元の祭について調べる」という課題を出すと、「身近なところでこんなに面白いことが行なわれていることを知らなかった」という喜びの言葉が返ってくることが多いのです。身近にあるにもかかわらず、遠い存在になってしまっている伝統文化。とてももったいないことです。

知り合いの能楽師さんに、本気で小学校の教科書の全科目に能楽の要素を入れたいとおっしゃっている方がいますが、私もそれに賛成です。

たとえば、算数の問題に、「能舞台は三間《さんげん》四方です。何足で止まれば舞台から落ちないでしょう？」という風に入れたり、能や文楽、歌舞伎などの演目から歴史を学んだり、家庭科で古典柄の縫い物をしたり、理科で日本古来の色を再現したり、音波の分野で日本の音階を再現したりと、授業の中に伝統文化の要素を取り入れようと思ったらいくらでも入口は見つかるはずです。そういったことから、少しずつ伝統文化に触れていると、頭の片隅で関心を抱く人もいるのではないでしょうか。何より、身近な存在として感じられるかもしれません。

逆に、そのような下地もない状態で、唐突に学校で伝統文化鑑賞会のような行事があっても、学生にとっては「見せられている」という気持ちになりがちです。せっかく、学校教育で伝統芸能に触れる機会を設けても、結果として、ほとんどの学生が「伝統芸能＝退屈」という意識を植えつけられて終わってしまっては元も子もありません。

先生の気持ちの持ちようも大切です。私が中学生の時の音楽の授業でのことです。当然のことながら普段は西洋音楽をメインに教えている先生が、ある日、歌舞伎のＤＶＤを見せてくれました。その時、先生は、いままで見たことがないくらいに興奮して歌舞伎の演目を解説してくださったのです。それまで私は、歌舞伎に対して特別な興味を持ってはいなかったのですが、「先生がこれだけ興奮するのだから、きっと面白いのだろう」と思い、歌舞伎に対してプラスの感情が芽生えました。そんな私は幸せだったと思います。現に、大学生になって改めて歌舞伎に触れましたが、抵抗感はなく、むしろ「見てみたい」と心が動いたのです。

　音楽の教科書に雅楽があっても、おそらく、先生は教師用指導要領にそって説明しているだけで、「面白いので子どもたちにぜひとも伝えねば！」という気持ちをもたれている先生は少ないのではないでしょうか。

　明治維新の後、あらゆる分野で欧化主義が席巻する中、学校教育も日本の伝統とは逆方向へ進んでしまいました。

　たとえば日本の音について。日本人が一五〇年ほど前に西洋音楽に初めて出会った時、その和音を「雑音」と思ったそうです。これまで日本人に馴染みのあった、お祭の囃子やわらべ歌、箏曲《そうきょく》や歌舞伎や文楽で用いられた三味線音楽、能の囃子などとは、全く体系の異なる音の使い方に、当時の日本人は戸惑ったことでしょう。日本には西洋の一二平均律（いわゆるドレミ）とは異なる日本の音が存在しているのです。

ところが、学校教育の音楽の授業では、その日本の音感を否定するかのように、西洋音楽をベースにした歌や曲が用いられ、オルガンやリコーダーを通して、西洋式の音感を身につけさせられています。

弘道館で祭の講義をしてくださっている森田玲さんは、大学生の時に、地元の祭の笛の音色が幼い頃と異なっていることに気づき、その原因を解明して、篠笛の演奏・指導・製作・調査研究を行なっています。彼が言うには、「いまや和楽器の世界でもドレミと五線譜が当たり前になってしまい、趣味で始めようと思って手に取る笛のほとんどはドレミに調律されたものになっている、もはやこれは和楽器ではない」とのことです。西洋文化であるはずのドレミが、すべての音の基準であるかのように誤解されている節があり、これは学校での音楽教育の影響が大きいのではないか、ともおっしゃっていました。リコーダーは日本の音感を西洋化する矯正装置だとまで言っています。

また、能楽師の林宗一郎さんは、能楽の声の捉え方も、どうしても西洋音楽的な捉え方をされる方が多くなってきて、素人のお弟子さんたちがうまく謡えないのは、頭の中で「音階」にあてはめて考えるからではないかと、考察を続けておられます。謡にとっても、もちろん音高は大切ですが、それは何ヘルツであればよいか、といった機械的なものではなく、その人の声質や前後の音によるもので、そもそも、声は高さだけで測れるものではない、とおっしゃっています。

ですから、日本の子どもたちには、ぜひ子どものうちに、一回でも多く、日本古来の芸能や音楽に、興味を持った状態で触れてほしいのです。子どもたちに体験教室を実施されている伝統芸能の先生方は、ジャンルを問わず、子どもさんはすぐに馴染むし、楽しんでくれるとおっしゃいます。むしろ、先生や親御さんのほうが「難しいのでは」と決めつけているのではないかとの感想も聞かれます。

別の話にはなりますが、たとえば外国の方でも、言葉は分からなくてもじっと舞台を見つめて興奮されている方、深い関心を

能の囃子の一つ、小鼓。桜の木から作られる胴の内側に「かんな目」が見られる。詳しくは第五章（写真：『小鼓ー心に響く音と技の世界』より）

持ってくださる方も大勢いらっしゃいます。私たちも、古典の言葉が分からないからといって、退屈だと思い込む必要もないのではないでしょうか。逆に私たちも、海外の旅行先で出会う伝統文化に対して言葉が分からなければ面白くないのかといえば、そうではないのですから。

第五章　伝統の灯を絶やさないために

文化財は使って守る

文化財を守り、文化や伝統を伝える。そのために国や行政を変えるのは、なかなか大変なことです。さまざまな施策も、どうしても経済優先で、二の次になりがちです。令和二年（二〇二〇）からのコロナ禍による緊急事態宣言で、美術館や博物館、舞台といったものが休館・休演になり、関係者の間で、文化は「人間の生活に必要なもの」かどうかという議論が巻き起こりました。

また、文化財については、保存と活用とは、相反する部分があるので衝突をするのは避けられないことが多いのです。しかし、私は文化財の価値を知ってもらうには、たとえばそれが建物なら、建物そのものを見せるだけではなく、「その建物が本来、何に使われていたのか」というところから考え、文化として伝えるところに意味があると考えています。しかし、貴重な文化財はそれらを保護するために、多くは美術館や博物館に収蔵され、そういった施設に入ってしまうと基本的には使うことができなくなることが多いのです。

茶道具は、使うことによって、「履歴がつく」という言い方をします。たとえば、私が、茶碗でお茶を飲んだとしたら、その茶碗には「濱崎が飲んだ」という履歴がつきます。私では箔もつきませんが、著名人が使った物だといえば、どうでしょうか。弘道館では、サッカーのベッカム選手が飲まれた茶碗が人気です。豊臣秀吉が飲まれたかもしれないという茶碗はとても貴重なものとして有り難く扱われます。そして、そのような茶碗を、もしあなたが飲んだら、あなたが飲んだという履歴がつくのです。誰かが割ってしまったら、割れてしまった部分を継ぎ、それもまた一つの歴史の痕跡、履歴となります。そして、その道具が別の人の手に渡れば、それもまた履歴になるという考え方です。使ってなんぼではないですが、使う物＝生きたものとしてあるということです。それが楽器であれば、使ってこそ息が吹き込まれ、意味があるということです。能面や能装束も、同じであると考えます。

美術館などでは、時々能面展を開催していて、私も観に行くのですが、心なしか能面が「私たち、もう出番がないよね」というような顔をして並んでいるように見えてしまうことがあります。全然、表情が生きていないのです。それが、私にはとてもつらく感じます。近年、岡山県倉敷市児島の野﨑家が所蔵されている江戸時代の貴重な能面を使わせていただいての能楽公演「こじま能」がはじまりました。私もお手伝いをさせていただいているのですが、能面が生き生きとして喜んでいるように感じ、能楽師の先生方もたいへん勉強になるとおっしゃっています。茶道具も同じです。京都の樂美術館では時々、貴重な器を手に取り歴代のお茶碗でお茶をいただく機会を設けておられます。

当然、文化財を守るという観点からすれば、使わないほうがよいという判断もあるでしょう。温度管理を徹底し、搬入時も傷がつかないよう細心の注意を払って……。でも、それでは「生きたもの」とはいえません。展示された物を見ても、物としての技術を見ることはできますが、道具としての役割を理解することは難しいと思います。並んでいる茶器を見ても、本当にその価値を感じ取ったといえるでしょうか。もちろん展示には、広く知っていただくという大きな役割があります。しかし、時には「使う」という機会も作ることができればと願います。

文化財を伝えていくためには、「使いながら守っていく」という観点がとても重要なのです。

大事なのは相互に育て合うこと

平成一五年（二〇〇三）に「伝統文化プロデュース連」という団体を起ち上げた時、すぐ手掛けたプロジェクトに、「生田《いくた》コレクション展」があります。これは能楽で用いる楽器の一つ、「小鼓」の貴重なコレクションを後世に残すプロジェクトです。

きっかけは、六〇〇年から四〇〇年前の小鼓の胴、「鼓筒」と呼ばれる部分を一〇〇点以上受け継がれていた生田秀昭さんという方がテレビ番組の「なんでも鑑定団」に出演されたことでした。

この生田さんのコレクションを大倉源次郎さんが人づてに聞き、何とか散逸の危機を逃れることはできないだろうかとのお話がありました。これを受け、コレクションの存在を広く世の中に知ってもらうべく、展覧会の企画や、ワークショップの開催をさせていただきました。

このコレクションの重要なところは、楽器として優れている物ばかりではなく、楽器としては未完成な物も含まれているところにあります。楽器を集めたのは生田さんのお祖父様の生田耕一さんで、アサヒビールの創業に技術者として関わった方です。他にも茶道具などさまざまな物を集めておられたようです。残された鼓筒を一つひとつ調査してみると、耕一さんは、楽器としての小鼓が完成する過程を探ろうとしていたのではないかと思えてきます。ですので、貴重な楽器は、一本一本でも高く売れるかもしれませんが、すべてそろっていて意味があると考えました。それゆえ、展覧会を開催するにあたり「生田コレクション」と名づけたのでした。この時、伝統芸能の世界において「道具」というものがいかに大事にされてきたのかということや、楽器一つ作るにも材料が入手できない、技術伝承者が一人しかいないなどという事実を知りました。呑気に「綺麗な音だなあ」と聞いてばかりはいられません。享受する私たちこそ、継承の現場を知るべきなのです。

そして、「五〇〇年前の音色を聴く」と題した催しをいたしました。五〇〇年前の鼓の音色はどのようなものだったのか。考えただけでロマンを感じます。とはいえ、実際には、胴の部分は五〇〇年前でも、革は古くても数十年前のものです。麻製の調《しら》べ緒《お》も古いものは使えません。そのようなことを考えると、厳密に五〇〇年前の音色を再現することなどはできません。

同じことは、行事の再興プロジェクトにおいても度々起こります。

一〇〇〇年前に行なわれていた行事を再興するには、さまざまな文献を調べることも必要ですが、一方で調べても分からない部分のほうが多いのが現実です。また、分かっていても現代では再現できないこともあります。講義であればそれも伝えて終わりですが、実際にそれを再興するとなると、そういった不明点や実現不可能な点が、再興の足かせになる場合もあるのです。

たとえば、この時のこの衣装は、当時は赤色だったのか青色だったのかということは分からないことも多いですし、その場の状況から緑にしましょうとなっても、それは実際には間違いかもしれません。だからといって、「やめましょう」となるのはもったいないと感じます。そのような時、学術的な知見をどの程度活かすのかという見極めが大切です。ところが、学術と現場の間は、たいてい乖離があると感じます。

ある大学で、伝統的な職人さんの技を数量化するプロジェクトに取り組んだ時期がありました。職人さんの全身に三次元動作解析をするためマーカーを取りつけてデータをとり、分析をしていきます。結果はもちろん出てくるのですが、工学系の研究者と職人さんの言語が、どうしても噛み合いません。両者ともに正しい主張をされ、正しい分析をされているのですが、どうしても齟齬《そご》があると感じていました。そのズレこそが面白いのですが、そこを科学的な手段で解明し、溝を埋めていくには相当な時間がかかるでしょう。同時に、両者の齟齬を繊細に読み取ることのできる橋渡し的な人が必要だと感じました。つまり、伝統文化と工学（学術）の双方にある程度通じている人です。

私の大学院の師である松岡心平先生が、能の古い作品の数々を復曲する取り組みを行なってこられたことはすでに述べました。古い能の曲の詞章は、文字としては残っていますが、実際の上演は途絶えており、誰も見たことがないのです。それを可能なかぎり、あったとされる姿を想像して作り上げていく。私は、その試みにとても感銘を受けました。松岡先生がされてこられたことは、私にはとても真似のできないことですが、いろいろな分野で現場と学術をつなぐことが必要だと感じることができました。

「再興」は、伝統文化を未来へとつないでいくための、一つの手段と考えています。その時、学術的な知見と、現場の知見の両方が必要です。いまは「ない」ものですし、見たこともないものです。それを、実際に目の前に現出させることが、両者の共通の目標です。学術と現場の間で解釈や現実的な部分で折り合いがつきにくいこともあります。そこを、丁寧に話し合い、接点を見出し、一つの場を作り上げるのです。

何かを再興するといっても、当時のまま一から十まですべてを完璧に再興できていなくてもいいのです。完璧にしようと思うなら、一生かかってもできません。どうしても実験的な側面はつきものです。もちろん後からさらなる検証は必要ですが、当時と全く一緒ではないということが分かっていたとしても、いまできる形でやっていくことも大切だと考えます。ただ、目の前で見ているお客さまたちは、「昔はこうだったんだ」と思い込むことになる危険もあるため、そこに責任が伴うことは十分に認識しておかねばなりません。

また一回再興すると、ある種の達成感から、「同じことを続ければよい」と思いがちです。でもそうではないと私は考えています。そもそも、時間や資金的な制約の中で実験的にスタートさせることが多いので、完璧ということはありえません。一回目の再興は、本当に「えいや」と力技で実施してしまう時もあります。ですから、たとえば同じ演目であっても、次の年には新たな演出にトライしてみるという判断もできるでしょうし、また、天候や演者によっても見せ方や考え方は変わります。その時々の状況に応じて対応していくことも重要なのです。どんな事業であっても、よりよいものにするには、常に見直しと改善が必要です。

また、私が再興と同時に意識しているのは、演じる側の人たちとともに、それを支えるスタッフや、お客さまも一緒に育てるということです。

第一章で伝統文化を守っていくために、諸道具を作る職人さんに製作の注文をすることもその手段の一つだというお話しをしましたが、私たちがオーダーをしなければ、技術は継承されません。また、我々の道具に対する認識レベルが高ければ、「この人を納得させるようなものを作りたい」と、作り手側もより力が入ります。

これはどんな伝統文化にも同様のことがいえます。能や歌舞伎などその瞬間で消えてしまう伝統文化でも同じです。お客さまに観る目があれば、演者の緊張感や向上心も違ってくるでしょう。客が演者を育てるのです。

伝統文化は、「昔からのままでいい、いまのままでいい」となってしまえば、そこで成長は止まってしまいます。

「観る側」にできること

では観る側、支える側はどうしていけばいいのでしょう。

その一つの試みが、第三章でもご紹介した京菓子のデザイン公募のイベントです。これは、大量生産型の和菓子が増える中で、職人が持つ技術や「一席ごとに作るお菓子」といった考え方が失われていること、そして何より、それらを食べる側が見る目を失っていることを危惧したことをきっかけに始めた催しです。

いままで、「食べる」側だった人も、「この京菓子で何を表現しよう」と、自分でデザインを考えることで、どんな材料がいいか、どういう形にするか、どんな色を使うか、どういう表現方法があるのか、と京菓子の世界をより深く知ることができます。それに、自分でデザインをしてみれば、店で売られている京菓子を見る目も違ってくるでしょう。

菓子職人にとっても、第三者のデザインを見ることで、新しい視点が生まれ、京菓子に新風が吹き込まれることと確信しています。

江戸時代には、「役者評判記《やくしゃひょうばんき》」というものがありました。これは当時上演されていた歌舞伎の役者に関する芸評で、二七〇年もの間、定期的に刊行されていました。京（京都）・大坂（大阪）・江戸（東京）の三都の役者の評判が、全国津々浦々で読まれていたのです。興行側は、ここでの評価が悪いと、一瞬にして演目を終わらせてしまうのですが、一方で評判がよければ、数か月にわたるロングラン公演になることもありました。

お客も、評判記を読むことで批評眼を養っていました。つまり評判記があることで、演者も客も、よい意味での緊張感を保ち、相互に育てあっていたわけです。

平成の時代にも京都にはこの名残がありました。「素人顔見世《しろうとかおみせ》」といって、一二月に南座で行なわれる大歌舞伎の「顔見世」が千秋楽を迎える翌々日に、文字通り「素人」の、プロでない人たちがプロの役者さんと同じ舞台を演じるのです。京都新聞など地元企業が主催し、京都の財界の方々が出演されました。彼らの中には常日ごろ三味線や小唄などの伝統芸能を習われている方もいて、驚くような達者な演技が繰り広げられたものです。「素人顔見世」をきっかけに、日本舞踊を習い始める方もいます。そうして、「旦那衆」の文化が継承されていたのだと思います。私も、歌舞伎研究会に入っていた学生の頃、この「素人顔見世」に二度出演させていただきました。一か月間、出演者の旦那衆たちの稽古のために音曲テープの頭出しをしました。講師は本舞台に毎日出演されている歌舞伎役者さんです。そして、本番舞台では衣装を着て化粧をしてもらい、端役《はやく》で出演させていただいたりしました。歌舞伎研究会では他大学の積極的な有志の方々と、犬山市明治村の呉服座《くれはざ》（重要文化財）や淡路島の人形浄瑠璃との共同公演など、自主的な舞台公演の経験もしました。

素人ながら、プロが実際に立つ舞台に上がらせていただいた経験は、伝統芸能を身近なものにするとともに、プロの方々が背負う歴史の重みと、素人では到達することができない芸のあり方を実感できる貴重な機会となりました。

作り手、演じ手になってみることは、一流の芸や技術に対する敬意を心から抱くことができる機会になるのです。

「客の側が育たなければ文化芸術は衰えていく」、このような考え方は、お茶の世界でも同じです。

先述した通り、茶会は「亭主」と「客」がいて成立します。招かれた側が客ではありますが、別の時に自分が誰かを招けば亭主になります。亭主もまた、招かれればいつでも客になります。どちらの立場にもなり得るわけです。「亭主」と「客」のどちらも経験しているからこそ、本当の意味での「場」が生まれるのです。一席の中でも、亭主側が客側に一方的に何かを与えるということはありません。お互いに与え合い、そこにコミュニケーションが成立してこそ「一座建立」がなされるのです。

受け身の姿勢ではなく、客側も積極的に参加する。その、「参加できるのだ」ということを知る機会、また「参加している」ということを実感できる機会を作ることが、いま必要とされているのだと思います。

私が手がけているさまざまな再興プロジェクトも、そのための一つです。歴史をその場所で再興する「現場」に居合わせるという体験は、歴史に「参加する」ということでもあります。その時、演者も客も、初めての経験を「共有」するのです。演者だけでも客だけでも成立しないことを、身をもって感じることができると思います。

いま目の前にはないけれども過去にあったことを再興する。そのことによって、客も演者も想像の世界が開き、一気に五〇〇年、一〇〇〇年前に遡ることができるのです。

私たちは、日々の生活に翻弄され、どうしても「いま」だけの時間に生きてしまいがちです。しかし「いま」は、過去の積み重なりの上にあり、「いま」は未来を創る一歩なのです。日本文化の再興を考えることは、実は五〇〇年、一〇〇〇年の単位でものを見る視野を与えてくれることにもなるのです。

縦に時間を伸ばし、文化・芸能のジャンルを越えた横のつながりの視野を持つ、この縦糸と横糸とでつむぎ出される網の目のような視点は、すこし意識をすれば誰でも持つことが可能です。京都には、そのための最適な場所や空間がたくさんあります。こんなに素晴らしい土地なのですから、これまで述べてきたような、建物や庭、また無形の伝統文化や技術がこれ以上失われることのないようにと心から願っています。

アイデアは歴史を深掘りすることから

第三章でもお話しした、宇治の松殿山荘で今様《いまよう》（平安時代中期から鎌倉時代に流行した歌謡）をマッチングさせたり、岡山県で桃太郎伝説のルーツとなった「温羅」の能を復曲上演したり、数々の再興イベントやプロジェクトを行なっていると、「そのアイデアは、どうやって生まれるのですか」とよく聞かれます。文字通り天から降りてくることが多いのですが、その大前提として、来るべき降臨の日に備えた準備が必要です。

まず、その場所が、かつてどのような場所だったのかという歴史を掘り下げて、その歴史の中で特徴的なものを見つけていきます。長い歴史があっても、その中で、重要なこととして浮かび上がってくるものが、必ずあります。まずそれを抽出する作業を行ないます。

次に、その時代をいま知ってもらうには、どういった手法が適切なのかを考えます。たとえば、弘道館の場合、建物が手がかりになります。そして建物には「江戸時代」の学問所があったという歴史と、「明治大正期」の建物という、二層の歴史的な特徴が浮かび上がります。もちろん、その土地の歴史は千年単位で見なければなりません。江戸時代以前、たとえば平安京が成立した時はどのような状況だったのだろうかと調べてみます。その上で、弘道館の場合は、やはり「弘道館」が設立された時代にスポットを当てようという判断をしたのです。そして、現状の空間の中で、歴史をどういうふうにして取り上げればより正確に伝え、また体感できるものになるのかということを考えていきます。

松殿山荘の場合も、目の前にあるのは大正時代の立派な建築物で、そこをメインに考えることからスタートしました。一方で、目の前には見えないけれども、平安時代に遡れば「松殿《まつどの》」と呼ばれた関白藤原基房《ふじわらのもとふさ》の別荘だったという史実にあたります。松殿山荘も、偶然ではありますが、弘道館と同様、歴史的に二つの時代に特筆すべきものがありました。この「二つの時代」を伝えることが、その場所の価値を知ってもらうことになると判断したのです。そこで、いまある建物が建てられた大正期と、平安時代の、それぞれの時代を体感してもらえるような事業を考えるに至りました。

これはたいへん地味な作業で、史実を軸とするならば、催しや活動も極めて地味なものになってしまいます。ここは知恵の絞りどころです。集客を考えると、そのような作業をせずにアーティストやアイドルを連れてきてライブを開催すれば手っ取り早いかもしれませんが、それでは本末転倒です。実際、こうした催しも各所で見られますが、私ならば、もしも人気のアーティストを呼ぶのであれば、その人に今様の一節でも歌ってもらったらどうかという発想になります。第三章で紹介した北野天満宮での曲水の宴では、アイドルグループの乃木坂46の方々に歌人として参加いただきました。彼女たちに和歌を詠んでもらい、衣装を着てその場で歌をしたためてもらったのです。彼女たちも和歌に興味を持ってくださり、見学に来られたファンの方々からも普段目にしないアイドルの姿に反響をいただきました。

「再興」は、目の前にない過去にあったことを目の前に現出させることであり、その土地や文化の価値を再確認する有効な手段です。そのためには、歴史を知り、その歴史の中の特徴を精査し、それを現代に有効な形で実現させるにはどのようなアレンジをすればよいのかを絞り出さねばなりません。そのためには、「アイディアの引き出し」を持ってないと難しいかもしれません。そんな時、京都にはたくさんの引き出しがあるのは幸いです。町を歩き、看板を見たり、地名の由来を調べたりするだけで、アイデアの元をたくさん見つけることができます。自分の中の引き出しではなくても、歴史や伝統文化の中にたくさんある引き出しを一つひとつ、取り出して試してみるのは有効です。実際、私もそのようにしてきました。

また、人と話すことでも引き出しをたくさん開けることができます。私もこれまで、「これは」と思う伝統文化に携わる方々の引き出しをたくさん開けさせていただいてまいりました。彼らの体験的な知恵を有効に使わせていただいて催しを開くことや、またそれらを世の中に知ってもらうことは、さらなる文化の継承につながる大事な方法だと信じています。

伝統文化をつなぐ大切さ

弘道館をはじめ、建物の保存活動にさまざまな場所で関わっていて感じることは、建物がなくなると、その場の記憶が根こそぎ失われてしまうということです。長い時間をかけて醸成されてきた雰囲気や空気感、「履歴」が、一瞬のうちに消え去ってしまいます。「どこどこの京町家が壊されるらしい」という風聞を耳にすると、私は胸が痛くなり、いても立ってもいられなくなります。

一二年前、私が弘道館の保存をすると決めたのは、大きな決断でした。弘道館を保存していくということは、それまで自分がやってきたことよりも、はるかに大きなプロジェクトでしたし、保存の面でも、資金面でも、幾度も大きな綱渡りを経験してきました。

さらに私自身はといえば生粋の京都人でもなく、財を積んでいるわけでもありません。でも、もしそんな私のような一個人が声を上げて保存が達成できたとしたら、これは一つの「希望」になると思ったのです。本当にこのプロジェクトは大きな賭けと挑戦でもありましたし、それはいまも続いています。

弘道館の場合、取り潰されてマンションが建てられる直前、庭に小型のブルドーザーが入っているという、まさにギリギリのタイミングでまぬがれたのです。本当によい出会いと幸運に恵まれましたが、その他の事例でも、何とかなる可能性はゼロではないはずです。だからこそ、とにかく声を上げることは大切、「やってみないと分からない」の精神で取り組むことが必要ではないかと思います。

私の周りでも、「こういう建物を残したいよね」という人は何人もいます。ましてや自分の家を守りたい人は多いのです。しかし、自分の子どもたちが家屋の保存に関心がないことや、税制上の負担を自分の代で終わらせたいという気持ちも働き、次々に昔の建物が壊されています。

京都はイメージとして「いいね」と言われることも多いのですが、保存状態がよい個人保有の町家や法人が運営していた場所も、どんどん売り渡されているのが現状です。また、海外の方や東京の資本によって買い取られた町家の中には、マンションやホテルへと建て替えられるものも少なくありません。

弘道館のすぐ近くにも、保存活動を行なった時には、明治や大正時代に建てられたであろう、とても趣のあるお屋敷がいくつもありました。しかし、ついこのあいだも二軒ほど取り壊されてしまいました。毎日その姿を目にするたびに、切なくて、もったいなくて涙があふれそうになります。シャベルで無惨に解体していくのですが、その途中で、建物の中があらわになることもあります。大きな広間に書院があり、立派な床の間も柱も建具も否応なしに取り壊されました。天井板も立派で、家全体に使われている木材などは二度と手に入らないようなものでした。解体予定の家で使われていた資材を保存しておく木材バンクや古材バンクもありますが、知らない人も多く、また古材バンクも保管スペースが足りないと聞きます。倉庫に預けているだけでも経費がかかってしまいますから、結果廃棄したほうがよいという判断になるのでしょう。

わずか一〇年前、弘道館を保存した時は、いま以上に、周囲には弘道館よりもっと立派で、価値ある建造物が数多くありました。弘道館は文化財でもないですし、当時はなぜ保存をするのかという声もありました。弘道館は、ちょっと立派な「普通の家」だったのです。しかし、その一〇年の間に、とてつもなく貴重な存在となりました。つくづく、守ってよかったと思っています。いまとなっては、「残ること」が、弘道館の役割であると、はっきりと言えます。これから先、まだまだ保存活動は続きます。知恵を絞らなければなりません。

皆川淇園は多方面で才能を発揮し活躍をしていた人で、人がたくさん集まるような人格者でした。淇園は当時、学者の筆頭として『平安人物志』という書物に掲載され、それを見て全国から志を持って集まってきた人が、三〇〇〇人もいたとされることはすでに述べました。

現代の弘道館もそのような活気のある場所になることを目指して、さまざまな活動を行なっています。活動の内容を何か一つのジャンルに絞る必要はないと思っており、「おもろいことは全部面白い、興味があることは全部興味がある」というのが学問であり、「学び」であり、そういう、「淇園サロン」のような場の再興を、この弘道館で展開できればと思っています。

江戸時代の京都には、そういう学びのサロンがたくさんありました。京都は「学びの街」という土壌があったのです。しかしいまは、国全体で、学問や知識そのものが評価されていないと感じます。たとえば、学校の国語では「実用」を重んじる方針が打ち出され、教材から古典や文学作品が減っていく傾向にあります。高校の国語科教員の友人が、「古典の学びは身体性を伴うところが教育にとっても重要な点ではないか」と言っていました。古語は、文字を目でみて、耳で聞いて味わいます。言葉は論理的な意味を伝える手段としてだけではなく、五感を通してさまざまな方向から伝えてくれるものなのです。それは、人と人の間のコミュニケーションが、論理だけではないということを教えてくれているようにも感じます。そんな言葉の多角的な知を忘れ、教育現場から失われてしまうのは、あまりにもったいないと思います。ＡＩ時代が到来しているからこそ、多面的かつ多様な視野を養う学びが必要とされています。

話は飛びますが、コロナ禍に、テレビを見るのをやめて、落語を聴くようになったという人に最近出会いました。その方は、いままで落語はあまり分からないと思っていたけど、改めて聴いてみると話にひき込まれ、とても面白かったとおっしゃっていました。言葉を耳で聴いてこそ開かれる世界があるということだと思います。

また、落語は、江戸時代の人々の身近な話で、ストーリーは洒落にあふれています。時折「え？」というような、破天荒な人たちも出てくるので、私もとても勇気づけられます。噺家《はなしか》さんの話を聴いていると、登場人物一人一人が、あたかもすぐそこにいるような息遣いを感じるのです。どの人物も憎めなくて、愛嬌があって、人間性があって、救いがあります。科学技術がどんなに進んでも、やはり人間は人と交流したい、バーチャルな世界ではなくリアルな世界に生きる「人間」でありたいと思うものです。

弘道館には、日本文化や伝統芸能、昔の建物の保存や継承のために、何か貢献したいと思って集まってくださる方がたくさんいます。「この国を何とかしたい」「自分達でできることはないか」と、みなさん真剣に真面目に考えておられます。私も諦めかけているようなことをも、本気で何とかなると考えている熱い想いの人々が集っています。

でも、このような思いも、弘道館のような「場」がないと、空中分解してしまいます。

みなさんの思いを受け止め、それを形にして、いまの日本が失ったものを少しでも取り戻し、文化のエネルギーとして社会に循環させて次の世代に受け渡すお手伝いをすること、それが自分の使命だと考えています。

おわりに

神戸で育ち、京都で大学時代を過ごし、大学院時代は東京に住まいし、再び京都に戻ってきて十数年の年月が流れました。自分でも不思議なのですが、学生時代に京都にいた時は毎月東京に通い、東京に住めば月の半分は京都にいるという有様でした。一方で神戸にはほとんど戻りませんでしたが、心の中には地元神戸の舞子の海がありました。瀬戸内の海は、ゆったりとして、空は透明で、晴れた日には淡路島が手に取るように近くに見えます。ここで国生みがなされたのかと、遥かな時に思いを馳せては、素の自分に戻るのです。

京都に住まいし始めた時、私が着ている服は京都の人には派手に映ったようでした。京都に住んで一年ほど経った頃、神戸に戻る電車の中で、次第に明るくなる陽の光のまぶしさにふと気がついたことがありました。「神戸の色は、この光の中で生み出されたのだ」と。その頃には自身の服も、次第に彩度を落としていて、神戸の明るい光の中では何だか曇って見えたのでした。

東京での生活は、さらに明度までも落としていきました。色だけではなく、味覚の違いにも驚かされました。何を料理しても美味しくないと感じたある時、京都から醤油を持ち帰って調理して初めて少し食べられるものになったことを覚えています。ところが、次第に東京の味にも慣れていき、東京の食べ物が美味しいと感じるようになりました。どうやら染まりやすい体質のようです。

京都に憧れて京都大学を受験した私がなぜ四年間で東京に行ったのか。それは、歌舞伎の魅力に引き込まれたからでした。歌舞伎の上演は圧倒的に東京が多いので、大学三年の後半の頃からすでに毎月東京の歌舞伎座に通っていました。だったら東京に行こう、というわけで、東大受験を覚悟します。住まいは深川《ふかがわ》と決めていました。「名月八幡祭」という歌舞伎芝居を観て、その舞台となった「深川八幡祭」の神輿《みこし》を担ぎたいと思ったのでした。そうして、引越しした初年度から町の人たちに混じって、晒《さら》しに法被《はっぴ》鉢巻《はちまき》姿で神輿を担がせていただきました。深川、月島《つきしま》、浅草《あさくさ》……と、大学院は山手の向こう、駒場《こまば》にありましたが、私は下町めぐりに明け暮れました。

ところが、江戸歌舞伎の研究をしようと思っていたにもかかわらず、修士論文では上方歌舞伎をテーマに選んだのでした。土地に染まりやすいと書いてしまいましたが、そうではなく、「どちらも」を好むようです。隣の芝生は青いのか、欲張りなのか。ともかく、何かと何か、どこかとどこかの「間」を行くことが、自身の居場所であり、役割なのだと意識するようになっていました。

ところで、「京大と東大を出ている人」というレッテルは、時にマイナスに働くこともあり、そうした出自を語らず活動することもありましたが、なかなかに希少な体験をさせていただいたことは間違いなく私の身心に刻み込まれています。京大から東大に行った時、最も驚いたのは、東大の学生たちがとても「優秀」なことでした。そういうと京大をおとしめるように聞こえるかもしれませんが、何しろタイプが違う。とりわけ、自身の意見をはっきりと述べて、効果的なプレゼンをされることに驚きました。京大生の何と、遅咲きなことよ。自身の能力のなさもありずいぶんと苦労をしたものです。ついでに言えば、東大生が大学の授業にきちんと出ることにも驚きました。もともと真面目な性格なはずの私でしたが、よくも悪くも京大の「ゆるい」性質がしみついてしまっていたのです。東大で恐ろしく落ちこぼれながら、何とか修士論文を書いて博士課程に進むこともできました。そしてその頃には、京都との往復が始まっていました。

東京に行って改めて、京都の贅沢さに気がついたのです。本当の豊かさに気がついたといってもよいと思います。歴史が凝縮され堆積していること、町が小さくてどこでも自転車で行けること。歩けば必ず知人に出会うほど「顔がみえる」安心感と、そこから広がるご縁の数々。そして何より、鴨川と、盆地を取り囲む山々、神社や寺、町家。そこに暮らす人たちが自然に携えている伝統的な文化や手技の数々。

そしてそのような環境が、何と心地よいことか。「よそさん」ではありますが、自分は京都にいま生きているのだ、と感じることができます。

京都は数々の「よそさん」を受け入れ、歴史と文化を育んできました。時に革新的なエネルギーとなり、時に伝統的なものを継承するために欠かせない存在として、「よそさん」は有効に機能してきました。決して偉そうな意味ではなく、そんな京都の歴史に必要な、小さな一ピースとして生きていることを、いま、感じることができます。それはとりもなおさず、京都の懐の深さなのです。

同時に、この、「京都で生きている」という実感は、歴史を感じることができているからだということをお伝えしたいと思います。伝統文化に対しても、私は「よそさん」です。子どもの頃から習っているわけではなく、身を立てる芸を持ち合わせているわけでもありません。いくつものお稽古ごとに足を突っ込みながら、ドロップアウトを繰り返してきた私。しかしながら、それらへの愛情が薄まることはありません。ほんの一歩だけかもしれませんが、伝統文化を体感し、歴史の底の深さを感じる経験は、恐ろしくもあり、一時的にはいまの自分の足元が揺らぐかのような、ある種の自信をなくすことにもなりますが、それによって、歴史の中の自身の地点を確実に見出すことには成功しているのです。それがいかにちっぽけな点であったとしても、それが自分なのです。そうして初めて、本文でも述べたような「根っこ」を感じることができるのです。つまり、「生きている」という実感を持つことができるということです。

歴史の中に生きている実感は、歴史から学ぶことを「難しい」と感じさせなくしてくれます。一度きりの人生を、何倍もの人生にしてくれるのは歴史であり古典であり文学作品です。困難にぶち当たった時に、励ましてくれ、寄り添い、打開するための知恵を授けてくれるのも、歴史であり伝統文化なのだと思います。私たちは、それら先人がつないできてくださったもの、残してくださった有形無形の資産を、未来へと再びつないでいく責務があります。

私は、南座で京都に出会い、上七軒で伝統文化に心を動かされ、同時に危機を覚え、活動を始めました。「私にも何かできるかもしれない」と。それは、私に感動を与えてくれた伝統文化と、表面だけを見ていては分からなかったであろう未来の危機に気づかせてくださった人たちへの、私なりの敬意と感謝の気持ちです。

伝統文化は、「続けていく」ことに意味があります。いま、伝統文化を担う人たちは、めまぐるしくうつろう時代にあって、不安な気持ちを抱えていると思います。伝統は変革の連続と言われますが、とはいえ、先人が苦労して伝えてきたものを尊重し、「そのまま」つないでいく努力をすることは、絶対に必要なことです。その時、あえて変革をしなくとも、あえて「新しい時代のために」といってどこかを削りとらなくても、よいのです。そのままで、よいのです。「そのまま伝える」ことにこそ、意味があるのです。いま、伝統文化を何かしらの形で担われている方々は、是非、そのことに自信をもっていただきたいと思います。決して、変える必要はないのだと。しかし一方で、歴史を振り返り、原点を確認する作業は是非ともしていただきたいと思います。そして、歴史と、自身の内なるものとの間に、万が一ズレが生じていることを感じたならば、その時は、じっくりと、静かに、軸あわせをしていただけたらと思います。

また、私と同じ「よそさん」は、伝統を担う方々の声に耳を傾け、そっと寄り添い、「自分にできることはないだろうか」と、時に「お節介」をしていただきたいと思います。直接語りかけることをしなくても、できることはたくさんあります。それは、舞台に足を運んだり、伝統的なものを身につけてみたりすることです。もしも、さらに貢献できればと思うのであれば、ご自身の仕事や得意な分野で、伝統文化を生かす方法を考えてみてください。その時もやはり、歴史を確認し、伝統に学ぶ態度を怠らないことをお願いしたいと思います。

歴史を知ることは、未来を生きること。

伝統に学ぶことは、未来を創ること。

弘道館再興一〇周年を祝う新作劇「新〈淇〉劇」の詞章の最後は「奇縁《きえん》かな」で締め括られています。皆川淇園の名にかけた言葉ですが、まさしく、生きている間に出会う人は「奇《く》しき縁」（不思議な縁）で結ばれているのでしょう。しかしそんな縁のある人でも、場所がなければ出会うことができません。場所があることの有り難さを、改めて噛み締めています。

最後になりましたが、本書でお名前を掲げさせていただいている方々を含めまして、私と私の活動を支えてきてくださった多くの方々に、この場をお借りし、心より御礼申し上げます。また、本書を執筆するにあたり、ご縁をつないでくださった京都大学名誉教授の鎌田浩毅《かまたひろき》先生、とっちらかった私の頭を整理して編集を進めてくださったエディターの長谷川華さん、エムディエヌコーポレーションの加藤有香さんに感謝申し上げます。

本書を通じ、伝統文化の世界に果敢にのみ込まれ、ご一緒に未来へとつないでいく同志が一人でもあらわれることを期待して。

ひと雨ごとにうつろう弘道館の紅葉を眺めつつ

濱崎　加奈子

MdN新書
030

京都《きょうと》かがみ

2021年12月11日　初版第1刷発行

著　者　濱崎加奈子《はまさきかなこ》

発行人　山口康夫
発　行　株式会社エムディエヌコーポレーション
〒101-0051　東京都千代田区神田神保町一丁目105番地
https://books.MdN.co.jp/
発　売　株式会社インプレス
〒101-0051　東京都千代田区神田神保町一丁目105番地
装丁者　前橋隆道
DTP　三協美術
写真提供　cimba（龍安寺石庭）
印刷・製本　中央精版印刷株式会社

カスタマーセンター
万一、落丁・乱丁などがございましたら、送料小社負担にてお取り替えいたします。
お手数ですが、カスタマーセンターまでご返送ください。

落丁・乱丁本などのご返送先
〒101-0051　東京都千代田区神田神保町一丁目105番地
株式会社エムディエヌコーポレーション　カスタマーセンター　TEL：03-4334-2915

書店・販売店のご注文受付
株式会社インプレス　受注センター　TEL：048-449-8040／FAX：048-449-8041

内容に関するお問い合わせ先
株式会社エムディエヌコーポレーション　カスタマーセンターメール窓口 info@MdN.co.jp
本書の内容に関するご質問は、Eメールのみの受付となります。メールの件名は
「京都かがみ　質問係」としてください。電話やFAX、郵便でのご質問にはお答えできません。

Senior Editor 木村健一　Editor 加藤有香

ISBN978-4-295-20241-7　C0276